SANDRINE KERION

MON ROND-POINT DANS TA GUEULE

PORTRAITS DE GILETS JAUNES

La Boîte à Bulles

De la même autrice

J'ai vu les soucoupes
La Boîte à Bulles

Ces témoignages s'adressent à ceux...
qui ne comprennent pas,
qui ne se sentent pas concernés,
qui ne savent plus trop quoi penser,
aux premiers de cordée,
aux derniers de cordée,
et puis à tous les autres.

La Boîte à Bulles
93 avenue Henri Adam 37550 Saint-Avertin

Éditeur : Vincent Henry
Dépôt légal : octobre 2021
Isbn : 978-2-84953-386-4
Seconde édition

Design de la couverture : Morgane Jandot

Achevé d'imprimer en novembre 2021
par les imprimeries Spauda (Lituanie).

www.la-boite-a-bulles.com
contact@la-boite-a-bulles.com

PRÉFET DE LA RÉGION CENTRE-VAL DE LOIRE | Direction régionale des affaires culturelles

ciclic CENTRE VAL DE LOIRE

La Boîte à Bulles bénéficie du soutien
de la Région Centre-Val de Loire,
de l'État (DRAC Centre-Val de Loire)
et de Ciclic dans le cadre de l'aide
aux entreprises d'édition
imprimée ou numérique

Centre-Val de Loire
www.centre-valdeloire.fr

TANT QU'IL Y AURA DES RONDS-POINTS

Par Yvan Le Bolloc'h

Pour paraphraser un célèbre comédien français, je dirais des Gilets jaunes qu'ils me font drôlement suer !! À ces mots, j'en vois déjà qui courent vers le manche de pioche pour régler le débat. Tout doux.

Je m'explique. Après des mois de pandémie, de confinement, d'autorisations de sortie, de masques, de pas de masques, de vaccins, d'injonctions contradictoires, de mensonges d'État, arrive enfin celui qu'on n'attendait plus : l'été. Oui, l'été et sa farandole d'escapades, d'épaules nues, et de siestes alanguies.

Bien décidé à célébrer comme il se doit cet acquis social arraché de haute lutte par mes aînés, j'installe les transats comme à la parade quand sonne le téléphone.
« Allô, bonjour, Sandrine Kerion à l'appareil. Je vous propose de préfacer une galerie de portraits de Gilets jaunes ; l'ouvrage sortira début octobre, ça vous laisse quinze jours, c'est large, quinze jours, non ? »

« Nom d'un biniou » que je me dis, voyant la perspective du relâchement estival s'envoler à tire d'aile. Puis je reprends à haute et intelligible voix : « Merci, je suis très touché, mais les Gilets jaunes, c'est pas rien ! Le phénomène Gilets jaunes, dans cent ans, on en parlera encore, et plus comme d'un phénomène mais comme de l'irruption d'un mouvement de contestation populaire inédit, réprimé dans la plus grande brutalité par le forcené de l'Élysée ! »

Léger blanc au téléphone.

« Alors c'est oui, vous êtes d'accord ? »
Moi, en mode warning sur la bande d'arrêt d'urgence :
« Ben... Je ne vois pas très bien ce que je pourrais rajouter après les analyses très pertinentes de gens comme Danielle Sallenave (académicienne) ou Gérard Noiriel (historien) sur le sujet... Et puis, objectivement, je n'ai pas grand-chose en commun avec un Gilet jaune :

- Ils sont souvent issus de zones périurbaines voire de la ruralité ; moi, j'habite la capitale la plus chère du monde.
- Ils sont méfiants à l'égard des partis politiques et des syndicats ; je suis syndiqué à la CGT spectacle.
- Ils sont souvent un peu justes à la fin du mois ; moi, je suis plutôt à l'aise financièrement.
- Le jaune est leur étendard ; moi, ça me rappelle les briseurs de grèves.
- Moi, quand je manifeste bien au chaud, encadré par le service d'ordre de la centrale syndicale de Montreuil, on fait République-Nation-Bastille. C'est comme ça depuis l'invention de l'Internationale.

Chez les Gilets jaunes, les manifs c'est à la carte, ça va de l'animation giratoire bon enfant à base de galettes saucisses jusqu'à la guérilla urbaine, en passant par la prise de l'Élysée avec confiscation des tapis et moquettes.
- Le Gilet jaune écoute Johnny Hallyday ; je préfère Jean Ferrat.
- Quand je vais chez les gens, je sonne et j'attends qu'on m'ouvre. Le Gilet jaune est plus direct : il défonce la porte avec un Fenwick.
- Les Gilets jaunes ne votent pas ou très peu ; je suis persuadé que l'alternance est possible grâce au suffrage universel.
- Les Gilets jaunes ont obtenu douze milliards de la part du gouvernement en quelques week-ends de mobilisation, quand après quarante-cinq jours de grève, moi et mes camarades de la CGT, on n'a pas pu sauver le statut des cheminots. »

« Pourtant, vous avez pris publiquement la défense des Gilets jaunes ? »
« Oui, et je ne le regrette pas. Quand le peuple réclame son dû, le bourgeois tremble derrière ses hauts murs puis il lâche ses chiens de garde : média, personnel politique, institutions, c'est la curée ! »

« Foule haineuse », « séditieux », « antisémites », « analphabètes », « fans de Johnny désœuvrés », « beaufs qui fument des clopes et roulent au diesel », ils sont allés jusqu'à nier leur existence : « Une gare, c'est un lieu où l'on croise des gens qui réussissent et des gens qui ne sont rien. »
Ces insultes, ce mépris de classe, je l'ai pris pour moi, pour mes grands-parents (ouvrier chaudronnier à l'Arsenal de Brest et cheminot à la RATP), pour mes amis chauffeurs de taxi, chauffagistes, pour mes copains d'école, intérimaires ou infirmières, et ça m'a donné envie de pleurer.

Alors pour sécher mes larmes, je suis allé sur les ronds-points me gorger de tapes dans le dos, de thés tièdes, de sourires et d'espérance. Sans doute y ai-je croisé des Céline, Dany, Alexandre, Benjamin, Barbara, Michel, Gilles, Bris, Mathieu.

À tous ceux-là, je voudrais leur dire simplement bravo et merci, vous m'avez redonné l'espoir d'une fraternité retrouvée.

....

Yvan Le Bolloc'h, né le 20 décembre 1961 à Brest (Finistère), est un acteur, animateur de télévision et musicien français. Il a en particulier créé et joué la série *Caméra Café*.
Depuis 2018, il soutient les Gilets jaunes et co-signe en mai 2019, parmi 1 400 personnalités du monde de la culture, la tribune « Nous ne sommes pas dupes ! », publiée dans le journal Libération, et affirmant que « Les Gilets jaunes, c'est nous ».

Avant-propos

En novembre 2018, j'ai commencé à recueillir les témoignages de différentes personnes de mon entourage, qui avaient endossé leur gilet jaune. Certaines l'ont porté une journée. D'autres continuent de le porter, sur les ronds-points, dans les manifs et dans les assemblées citoyennes. Chacune pour des raisons différentes.

J'avais commencé à retranscrire leurs paroles en bande dessinée. Un peu à l'arrache, dans la précipitation. Parce que je sentais que quelque chose était en train de se passer. Et que j'avais besoin d'agir à mon échelle.

L'Histoire est faite de petites histoires. Et je voulais raconter celles des gens que je connaissais. Je voulais saisir leur colère, leurs espoirs, leurs doutes, à ce moment précis de l'Histoire et de leur vie. Parce que leur colère, leurs doutes et leurs espoirs, c'étaient aussi les miens.

Au début, ça paraissait simple.

Et puis, les choses sont devenues un peu plus compliquées.

La violence a fait son entrée.

La répression.

On frappait. On mutilait les miens. Et tout le monde avait l'air de trouver cela normal.

Alors, j'ai continué. Plus que jamais, il fallait que je continue à les faire témoigner. J'ai fini par aller à la rencontre de ceux que je ne connaissais pas.

Depuis, j'essaie de porter leur histoire, en espérant qu'elle permettra à d'autres de mieux les comprendre.

Ces personnes ne représentent qu'elles-mêmes. Parmi elles, il y en a avec qui j'ai grandi. Et d'autres que je n'aurais jamais croisées dans un autre contexte.

Il y a des précaires, des salariés, des indépendants, des fonctionnaires, des retraités. Il y a des gens qui se battent pour eux-mêmes, et puis il y a ceux qui sont là pour les autres. Solidaires.

Certains jugent sans connaître. Dans cet ouvrage, je me suis efforcée d'apprendre à connaître, sans juger.

Je ne suis ni journaliste, ni sociologue. Ni intellectuelle, ni militante.
J'écoute et je dessine les paroles des autres.
J'écoute, mais mon écoute n'est pas objective. Car ce gilet jaune, je l'ai porté plusieurs fois, à titre personnel.
Parce que je me reconnais dans ce mouvement, dans ces personnes si longtemps murées dans leur silence et leur résignation. Et qui se sont réveillées, soudainement, au moment où on s'y attendait le moins.

La création de cette bande dessinée est aussi née d'une colère. Face à la représentation qui est faite de ce mouvement dans la plupart des médias, face au mépris des commentateurs de studios climatisés, des politiques, et de tous ceux qui ne sont pas nés sous la même étoile que nous.

Sandrine Kerion

Octobre 2018
Quelque part en Bretagne
MEGAMARCHÉ
ÇA A COMMENCÉ COMME UNE RUMEUR, QUI GRANDIT ET SE PROPAGE...
T'AS ENTENDU ? LE CARBURANT VA ENCORE AUGMENTER !
COMME SI ÇA NE SUFFISAIT PAS DÉJÀ, AVEC LEUR CONNERIE DE LIMITATION À 80 KM/H !
C'EST TOUJOURS LES MÊMES QUI PAYENT !
ILS SE GAVENT SUR NOTRE DOS !
ON SE SERRE LA CEINTURE, ET EUX, PENDANT CE TEMPS-LÀ, ILS AUGMENTENT LEURS SALAIRES !
Y EN A MARRE ! ON N'ARRIVE PLUS À S'EN SORTIR...
PROMO
PROMO
PROMO
PROMO
PROMO
BOUCHER

GHISLAIN COUTARD
MÉCANICIEN
YOUTUBE, 24 OCTOBRE 2018
IL FAUT MONTRER QU'IL N'Y A PAS QUE LE **FOOT** QUI RASSEMBLE !
ON PEUT FAIRE VRAIMENT COMME EN 1998 OU 2018 POUR LA COUPE DU MONDE, MAIS POUR LE **GASOIL**, POUR LES **TAXES**, POUR **TOUT** !
0:20 / 1:01
PARTICIPEZ LE 17 ! ON BLOQUE **TOUT** ! IL FAUT LIMITER LE MAX DE RENTRÉE D'ARGENT POUR L'ÉTAT !
ON A TOUS UN **GILET JAUNE** DANS LA BAGNOLE, FOUTEZ-LE EN ÉVIDENCE SUR LE TABLEAU DE BORD, POUR MONTRER QUE VOUS ÊTES D'ACCORD AVEC LE MOUVEMENT !
CETTE **COLÈRE**, ELLE NE VENAIT PAS DE NULLE PART...
ON VOIT UN AFFAISSEMENT GLOBAL DU NIVEAU DE VIE EN FRANCE DEPUIS **2008**...

LES MÉNAGES ONT PAYÉ LOURDEMENT LE PRIX DE LA **CRISE**...
MACRON ARRÊTE DE NOUS POMPER
LES EFFETS QU'ELLE A PU AVOIR SUR LE MARCHÉ DU TRAVAIL, L'ÉVOLUTION DE L'EMPLOI, LES SALAIRES...
... ASSOCIÉS AUX MESURES SOCIO-FISCALES ET NOTAMMENT CELLES QUI ONT CONDUIT À RÉDUIRE LES DÉFICITS ENTRE 2011 ET 2014, AVEC UN CHOC FISCAL MAJEUR...
FRANCE INFO 105.5
... ONT CONDUIT À UN **APPAUVRISSEMENT** GÉNÉRALISÉ.
PUNAISE, C'EST PAS JUSTE UNE IMPRESSION, ALORS !
EH NON ! ÇA VOUS FAIT **400 EUROS** EN MOINS DE REVENU DISPONIBLE PAR AN DEPUIS 2008, QUAND MÊME !
MATHIEU PLANE
ÉCONOMISTE
FRANCE INFO, 20 NOVEMBRE 2018
LA **CLASSE MOYENNE** A SUBI LES EFFETS DE LA CRISE DE FAÇON ASSEZ IMPORTANTE...
MAIS LES CHOIX FISCAUX ET SOCIAUX VISENT À CRÉER DE LA REDISTRIBUTION, DE FAÇON À LIMITER LA CASSE...
MOUAIS... SI VOUS LE DITES !

*Taxe intérieure de consommation sur les produits énergétiques
** Organisation des pays exportateurs de pétrole

Il est tout à fait honorable que nous cherchions des solutions pour circuler en polluant le moins possible notre environnement.
Priscilla Ludosky
Entrepreneuse
Pétition pour une baisse des prix du carburant, 29 mai 2018
Mais la hausse des taxes imposée par le gouvernement n'est pas la solution !
Bien dit ! Je signe !
Pour protester, des appels à des blocages massifs sont lancés sur les réseaux sociaux pour le 17 novembre 2018.
Des gens se portent volontaires partout en France pour organiser et encadrer les blocages. Certains deviennent rapidement des figures médiatiques, plus ou moins légitimes. Le gilet jaune de sécurité devient le symbole du mouvement naissant, pour se rendre visible d'un pouvoir qui semble peu disposé à l'entendre.
Nous, on se bat pour toutes les personnes comme nous, aux revenus modestes, qui galèrent à chaque fin de mois !
Jérôme Rodrigues
Ancien commerçant, plombier
Maxime Nicolle/Fly Rider
Intérimaire
Eric Drouet
Chauffeur routier
Youtube, 26 octobre 2018
Ce gilet jaune qui est moche, qui est laid, qui ne va avec rien, portez-le !
Pourquoi ? Parce que la France est le pays le plus taxé au monde !
Eric Brunet
Animateur radio
RMC, 16 novembre 2018
Les médias regardent alors avec curiosité et bienveillance cette contestation, qui s'organise totalement en dehors des structures politiques et syndicales.
Certains remettent en question son caractère spontané, l'accusant d'avoir été lancée par les réseaux identitaires et nationalistes.
Les mouvements politiques y projettent chacun leurs propres fantasmes.

LA DROITE TRADITIONNELLE ET LA DROITE NATIONALISTE AFFICHENT OUVERTEMENT LEUR SOUTIEN.
LE GOUVERNEMENT NOUS FAIT CROIRE QU'IL VEUT AUGMENTER LES TAXES POUR L'ÉCOLOGIE, MAIS EN RÉALITÉ, IL LES AUGMENTE POUR REMPLIR LES CAISSES DE L'ÉTAT ! C'EST DU RACKET !
L'ENSEMBLE DE NOS CADRES ET DE NOS ÉLUS SERONT AUX CÔTÉS DES MANIFESTANTS !
NICOLAS DUPONT-AIGNAN
DEBOUT LA FRANCE
FACEBOOK, 25 OCTOBRE 2018
LAURENT WAUQUIEZ
LES RÉPUBLICAINS
MARINE LE PEN
RASSEMBLEMENT NATIONAL
SUD RADIO, 31 OCTOBRE 2018
EMBARRASSÉS FACE À CES SOUTIENS, LA PLUPART DES MOUVEMENTS DE GAUCHE REGARDENT TOUT ÇA AVEC MÉFIANCE.
CETTE COLÈRE EST LÉGITIME… MAIS IMPOSSIBLE D'IMAGINER LA CGT DÉFILER À CÔTÉ DU FRONT NATIONAL !
NOUS SOMMES FAVORABLES À LA FISCALITÉ ÉCOLOGIQUE.
QUAND ON EST UN RESPONSABLE POLITIQUE, NOTRE HONNEUR, C'EST DE RÉPONDRE AUX COLÈRES, PAS DE LES ATTISER !
CETTE COLÈRE EST JUSTE. MAIS NOUS N'APPELLERONS PAS À MANIFESTER, CAR NOUS NE FERONS PAS DE RÉCUPÉRATION POLITIQUE.
OUAIS, BEN C'EST QUAND VOUS VOULEZ, HEIN ! MOI, J'Y VAIS…
PHILIPPE MARTINEZ
CGT
FRANCE INTER, 16 NOVEMBRE 2018
YANNICK JADOT
EUROPE ECOLOGIE LES VERTS
EUROPE 1/AFP, 19 NOVEMBRE 2018
JEAN-LUC MÉLENCHON
FRANCE INSOUMISE
MEETING À LILLE
30 OCTOBRE 2018
LE GOUVERNEMENT COMMENCE À S'INQUIÉTER FACE À SON AMPLEUR, TOUT EN AFFICHANT UN MÉPRIS ET UN PATERNALISME PARFAITEMENT ASSUMÉS.
ON TROUVE DERRIÈRE LES « GILETS JAUNES » UN PEU TOUT ET N'IMPORTE QUOI. ET DES GENS QUI N'ONT PAS BEAUCOUP DE PROJETS POUR LE PAYS, SI CE N'EST DE LE METTRE À L'ARRÊT.
EMMANUEL MACRON
EUROPE 1, 6 NOVEMBRE 2018
ALLOCUTION PRÉSIDENTIELLE
14 NOVEMBRE 2018
NOS CONCITOYENS VEULENT QU'ON LES CONSIDÈRE, QU'ON LES PROTÈGE, QU'ON LEUR APPORTE DES SOLUTIONS.

LE SAMEDI 17 NOVEMBRE 2018, LE MINISTÈRE DE L'INTÉRIEUR ESTIME QU'AUTOUR DE 300 000 PERSONNES ONT ENFILÉ LEUR GILET JAUNE POUR BLOQUER OU FILTRER LA CIRCULATION DES RONDS-POINTS D'ACCÈS AUX GRANDES SURFACES, DES ROCADES, ET DES ROUTES NATIONALES. CE CHIFFRE OFFICIEL, TRÈS CONTESTÉ, PARAÎT POUR BEAUCOUP BIEN INFÉRIEUR À LA MOBILISATION RÉELLE.

SELON LES ENDROITS, ÇA S'EST PLUS OU MOINS BIEN PASSÉ. LA COLÈRE A PARFOIS DÉBORDÉ.

ON DÉNOMBRE 241 BLESSÉS. CHANTAL, UNE MANIFESTANTE DE 63 ANS, EST DÉCÉDÉE EN SAVOIE, PERCUTÉE PAR UNE AUTOMOBILISTE.
PLUSIEURS PERSONNES, DONT CERTAINES NE PARTICIPAIENT PAS AU MOUVEMENT, SONT DÉCÉDÉES PAR LA SUITE DANS DES ACCIDENTS SUR DES BARRAGES ROUTIERS.

DANS LES CÔTES D'ARMOR, C'EST À LANGUEUX, DANS LA ZONE COMMERCIALE, QU'A EU LIEU LE PLUS GRAND RASSEMBLEMENT DU DÉPARTEMENT.
ON ESTIME QU'ENTRE 10 000 ET 50 000 PERSONNES S'Y SONT REGROUPÉES À L'APPEL DE L'ÉQUIPE ORGANISATRICE DU POUVOIR DU PEUPLE 22.
TRISTAN LOZACH
AGENT FUNÉRAIRE
ORGANISATEUR POUVOIR DU PEUPLE 22
OUEST-FRANCE, 17 NOVEMBRE 2018
JE M'ATTENDAIS À 3 000, 4 000 PERSONNES, MAIS PAS À ÇA ! LES GENS SONT MOBILISÉS, ILS EN ONT MARRE DE LA POLITIQUE ACTUELLE !

À L'ISSUE DE CETTE PREMIÈRE JOURNÉE DE MANIFESTATION, IL EST DEVENU CLAIR QUE LA **HAUSSE DU CARBURANT** N'ÉTAIT QUE LA PARTIE ÉMERGÉE D'UN ICEBERG DE COLÈRES CUMULÉES AU FIL DES ANNÉES.
BLOCAGE ZONE COMMERCIALE DE LANGUEUX
17 NOVEMBRE 2018
PUNAISE ! IL EST EN TRAIN DE SE PASSER UN TRUC, LÀ !
LE ***GOUVERNEMENT*** PENSE ALORS QUE ÇA NE DURERA PAS. IL VA VITE DÉCHANTER.
BIP
BIP
Maman
Coucou ! On va au rond point du Mégamarché samedi prochain, tu viens ?
SAMEDI 19:43
SI MÊME MA MÈRE S'Y MET, IL EST VRAIMENT MAL, ***MACRON*** !

*SOURCE : INSEE ET SANTÉ PUBLIQUE FRANCE

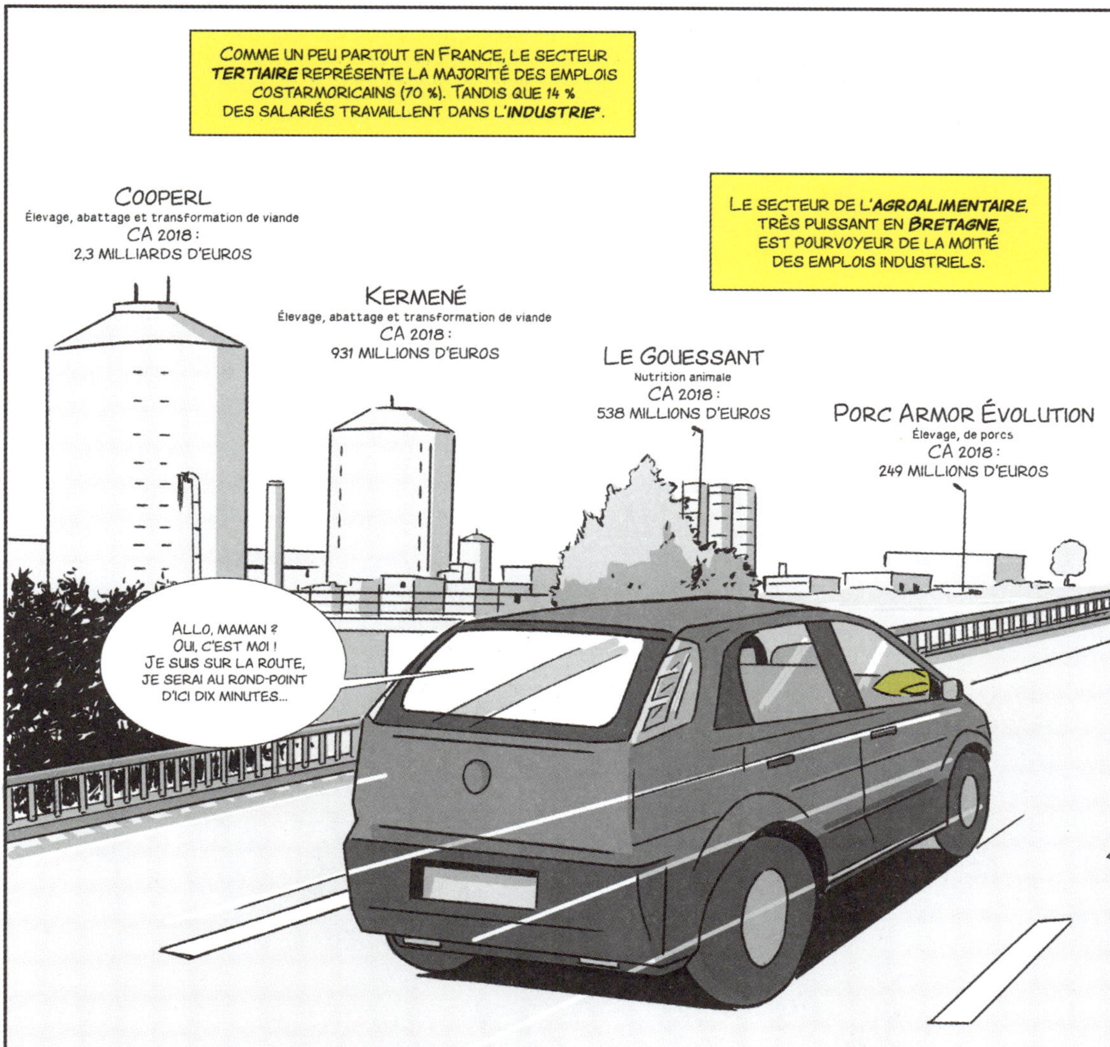

* SOURCE : INSEE

L'émergence de ces mastodontes de l'**agroalimentaire** est liée à l'**industrialisation** massive du modèle agricole breton à partir des années **1960**. Alors en situation de grande pauvreté et de sous-développement, la région a gagné en prospérité, au prix d'une transformation parfois douloureuse du monde paysan traditionnel.

Aujourd'hui, les **Côtes d'Armor** sont le deuxième département de **production agricole** à l'échelle nationale. Mais l'agriculture **productiviste** connaît à présent une **crise** profonde de son modèle économique, liée en partie à la **surproduction** engendrée par la concurrence du marché mondialisé. Cela a conduit à une **baisse** globale des **prix** et à une souffrance grandissante chez beaucoup d'agriculteurs, qui n'arrivent plus à vivre de leur travail.
ON CRÈVE

Dans ce contexte tendu, des mouvements de protestation des **agriculteurs**, parfois violents, ont émaillé la vie du département ces dernières années.
Ceux-ci s'étaient donc déplacés en nombre le **17 novembre 2018**.

TOUTES LES PETITES MAINS DE CET ÉCOSYSTÈME DE L'***AGROALIMENTAIRE*** ÉTAIENT REPRÉSENTÉES SUR LES RONDS-POINTS. MAIS ÉGALEMENT, COMME PARTOUT AILLEURS, CELLES DU ***BÂTIMENT***, DE LA ***SANTÉ*** ET DES ***SERVICES*** À LA PERSONNE ET AUX ENTREPRISES.
E SUIS
AUNE
Ric
MACRON DÉMISSION
TOUS CES MÉTIERS, POURTANT TRÈS DIFFÉRENTS, ONT UNE CHOSE EN COMMUN : ILS SONT LES PLUS ***ESSENTIELS*** AU BON FONCTIONNEMENT DU PAYS...
POURTANT, CE SONT ÉGALEMENT LES PLUS ***MÉPRISÉS*** SOCIALEMENT, ET LES PLUS MAL PAYÉS.
ILS SONT DONC LES PLUS IMPACTÉS PAR LA BAISSE GÉNÉRALE DU REVENU DES MÉNAGES DEPUIS ***2008***.
TU N'ES PAS UN ROI !!!
R.S.A
SANS EMPLOI
LA ***COLÈRE*** DE CES PERSONNES, LONGTEMPS REFOULÉE, A EXPLOSÉ LE ***17 NOVEMBRE***.
CHOQUANTE POUR CERTAINS, ELLE ÉTAIT PROPORTIONNELLE AU ***MÉPRIS SOCIAL*** RESSENTI PAR CES PERSONNES DEPUIS DES ANNÉES.

Très vite, les **revendications** s'élargissent et se politisent.
isf
Corruption
SANTÉ
Services publics
HANDICAP
RETRAITES
POUVOIR D'ACHAT
FISCALITÉ
DÉMOCRATIE
Face à la surdité du gouvernement, le mouvement commence à prendre racine.
Des **cabanes** sont érigées illégalement partout sur les **ronds-points** de France.
Ce sont de véritables villages parallèles qui s'organisent, dans l'improvisation la plus totale.
L'objectif est d'occuper l'espace public pour faire **pression** sur le gouvernement.
Chaque **samedi**, des **manifestations** ont lieu un peu partout dans le pays.

À PARIS, LE 1ER DÉCEMBRE, LA MANIFESTATION NATIONALE DÉGÉNÈRE EN AFFRONTEMENTS AVEC LES FORCES DE L'ORDRE, DÉPASSÉES PAR LE CARACTÈRE TOTALEMENT IMPRÉVISIBLE DU MOUVEMENT.
LES GILETS JAUNES TRIOMPHERONT
POLICE
VOITURES BRÛLÉES, ARC DE TRIOMPHE TAGUÉ, MAGASINS PILLÉS…
LES MÉDIAS PASSENT EN BOUCLE LES IMAGES D'UN PARIS EN ÉTAT DE SIÈGE…
C'EST UN VIOL DE LA DÉMOCRATIE !
JEAN-MICHEL APATHIE
JOURNALISTE CHRONIQUEUR
EUROPE 1, 8 DÉCEMBRE 2018
QU'ILS SE SERVENT DE LEURS ARMES UNE BONNE FOIS ! ON A LA QUATRIÈME ARMÉE DU MONDE, ELLE EST CAPABLE DE METTRE FIN À CES SALOPERIES !
LUC FERRY
ANCIEN MINISTRE DE L'EDUCATION
(2002-2004)
RADIO CLASSIQUE, 8 JANVIER 2019

* Chiffres du Ministère de l'intérieur
** Rapporté par le Canard Enchaîné, 13 décembre 2018

EMMANUEL MACRON SORT LE PORTE-MONNAIE ET ANNONCE UN GRAND DÉBAT NATIONAL AFIN DE RECUEILLIR LES DOLÉANCES DE LA POPULATION. CELA LUI DONNERA L'OCCASION DE FAIRE UNE TOURNÉE DE RECONQUÊTE POLITIQUE À TRAVERS LA FRANCE ET LUI PERMETTRA DE GAGNER DU TEMPS JUSQU'AU SCRUTIN DES ÉLECTIONS EUROPÉENNES DE MAI 2019.
CE SONT QUARANTE ANNÉES DE MALAISE QUI SURGISSENT. JE PRENDS MA PART DE RESPONSABILITÉ.
LE SALAIRE D'UN TRAVAILLEUR AU SMIC AUGMENTERA DE 100 EUROS PAR MOIS DÈS 2019. ET JE DEMANDE À TOUS LES EMPLOYEURS QUI LE PEUVENT DE VERSER UNE PRIME DE FIN D'ANNÉE.
POUR LES RETRAITÉS QUI TOUCHENT MOINS DE 2000 EUROS PAR MOIS, NOUS ANNULERONS EN 2019 LA HAUSSE DE CSG SUBIE CETTE ANNÉE...
EMMANUEL MACRON
ALLOCUTION PRÉSIDENTIELLE
10 DÉCEMBRE 2018
LES SOUTIENS MÉDIATIQUES DE DROITE, PLUTÔT PARTISANS DE L'ORDRE, PRENNENT LEURS DISTANCES.
L'ULTRA-VIOLENCE ET LES DÉRAPAGES DU WEEK-END SONT INACCEPTABLES !
CETTE PROFONDE GRONDE ANTI-TAXES EST DEVENUE UN MOUVEMENT POUR L'AUGMENTATION DU SMIC ET DES MINIMAS SOCIAUX !
J'AI LU LEUR PLATEFORME REVENDICATIVE : ELLE EST PLUS À GAUCHE QUE LE PROGRAMME DE MÉLENCHON !
ERIC BRUNET
ANIMATEUR RADIO
TWITTER, 2 DÉCEMBRE 2018
LE 14 DÉCEMBRE, PLUSIEURS ORGANISATIONS DE GAUCHE, DONT LA FRANCE INSOUMISE, LE PARTI DE GAUCHE, LE NPA, GÉNÉRATIONS, LE SYNDICAT SOLIDAIRES ET ATTAC PUBLIENT UN COMMUNIQUÉ COMMUN POUR SOUTENIR ET APPELER À REJOINDRE LES GILETS JAUNES.
NOS ORGANISATIONS SOUTIENNENT LES REVENDICATIONS DE JUSTICE FISCALE ET SOCIALE PORTÉES PAR LE MOUVEMENT DES GILETS JAUNES.
UNE CASSURE S'OPÈRE ALORS DANS LE MOUVEMENT. CHOQUÉS PAR LA VIOLENCE DE CES MANIFESTATIONS...
... BEAUCOUP RACCROCHENT LEUR GILET JAUNE.

* RAPPORTÉ PAR LE CANARD ENCHAÎNÉ, 12 DÉCEMBRE 2018

* CHIFFRES DU MINISTÈRE DE L'INTÉRIEUR
** AUTRES SOURCES

Entre **novembre 2018** et **juin 2019**, le ministère de la Justice comptabilise **10 852 personnes** placées en garde à vue.
1 000 d'entre elles ont écopé de peines de **prison ferme**, le plus souvent pour « violences contre les Forces de l'Ordre » et jets de projectiles.
Pointé du doigt par des défenseurs des droits de l'homme, le **gouvernement** restera dans le déni.
Michelle Bachelet
Haut-commissaire de l'ONU aux droits de l'homme
C'est **illégal**, mais aussi contre-productif : cela tend à radicaliser tous les participants !
Anne-Sophie Simpere
Amnesty International
10 novembre 2019
Je ne connais **aucun** policier, **aucun** gendarme, qui ait attaqué des gilets jaunes !
Christophe Castaner
Point presse
15 janvier 2019
Ne parlez pas de **répression** ou de violences policières, ces mots sont **inacceptables** dans un État de droit.
Emmanuel Macron
Gréoux-les-Bains
Grand Débat, 7 mars 2019
Loin d'apaiser la situation, cette **répression** a créé une forme de solidarité entre les manifestants pacifistes et les partisans de l'action violente, qui ont fini par rallier de plus en plus de personnes à leur méthode.

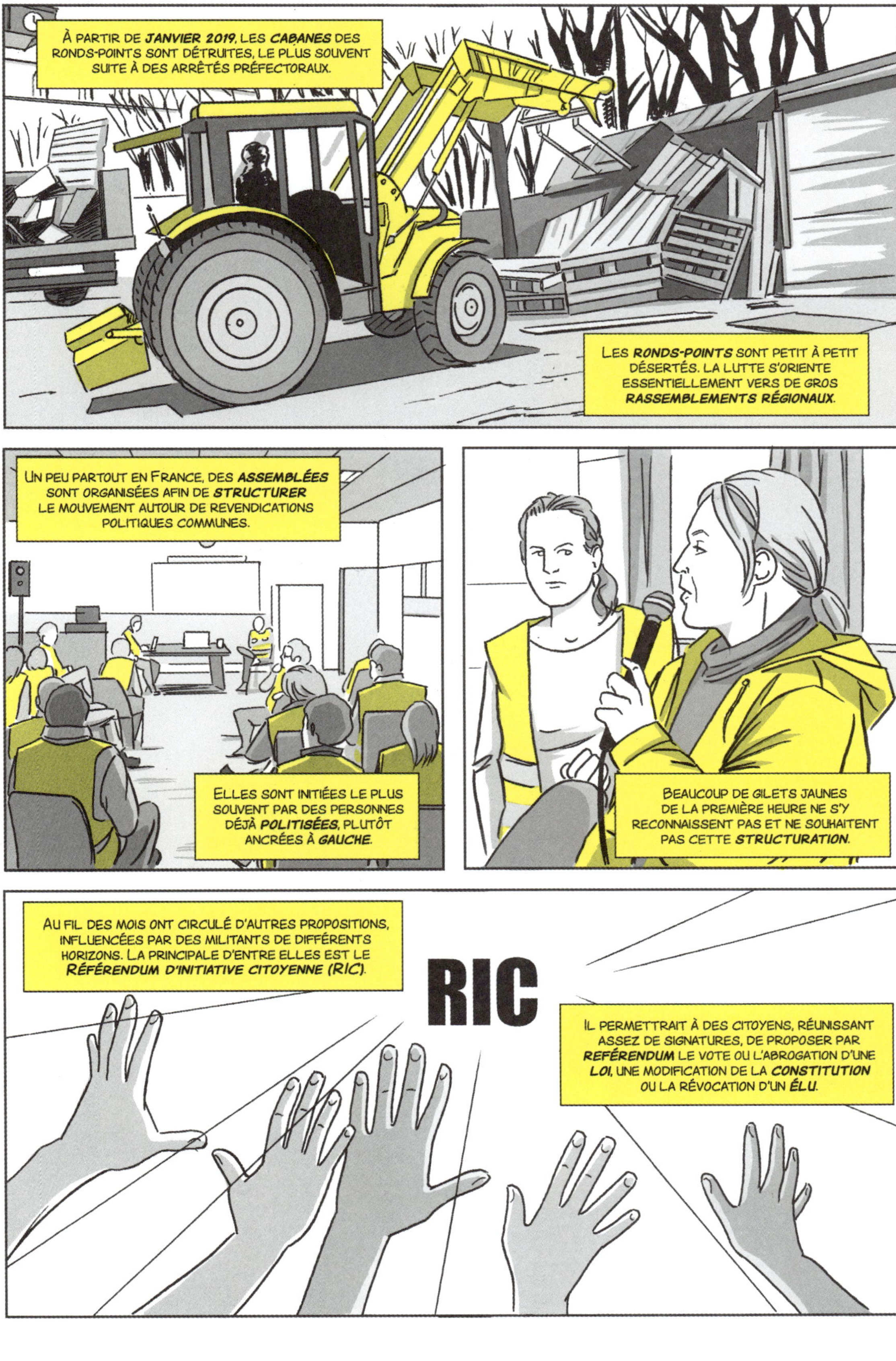
À partir de janvier 2019, les cabanes des ronds-points sont détruites, le plus souvent suite à des arrêtés préfectoraux.
Les ronds-points sont petit à petit désertés. La lutte s'oriente essentiellement vers de gros rassemblements régionaux.
Un peu partout en France, des assemblées sont organisées afin de structurer le mouvement autour de revendications politiques communes.
Elles sont initiées le plus souvent par des personnes déjà politisées, plutôt ancrées à gauche.
Beaucoup de gilets jaunes de la première heure ne s'y reconnaissent pas et ne souhaitent pas cette structuration.
Au fil des mois ont circulé d'autres propositions, influencées par des militants de différents horizons. La principale d'entre elles est le Référendum d'initiative citoyenne (RIC).
RIC
Il permettrait à des citoyens, réunissant assez de signatures, de proposer par référendum le vote ou l'abrogation d'une loi, une modification de la constitution ou la révocation d'un élu.

Mais au final, aucune des propositions politiques qui émergent n'apparaît légitime au sein de ce mouvement **horizontal**, qui refuse toute **représentativité**, par souci d'intégrité et par peur de la **récupération**.
Faut nous comprendre, vous avez vu la brochette de candidats qu'on a eue aux **européennes** ?
Lors des **élections européennes** de **mai 2019**, plusieurs listes, plus ou moins crédibles, se réclamant des Gilets Jaunes se sont présentées.
La **présidentielle** ? S'il faut aller jusque là pour faire changer les choses, je suis **prête** !
Jacline Mouraud
Hypnothérapeute
Le Parisien, 31 octobre 2019
C'est dur de marcher sans espoir dedans sa tête, Gilet jaune, marche et reste debout !
Francis Lalanne
Chanteur
Benjamin Cauchy
Cadre commercial
Militant Debout la France
Bravo, vous donnez une belle image du mouvement !
Vendue !
Ingrid Levavasseur
Aide-soignante
Paris, 17 février 2019
T'as sucé la **bite** à **Macron** !
Sale **connasse** !
En interne, les débats sont parfois très violents, poussant certains candidats à se retirer.
Au final, les résultats des élections européennes du **26 mai 2019** ont été à peu près les mêmes que les précédents. Les Gilets jaunes n'ont rien changé à la donne.
Abstention
49,9 %
Rassemblement National
23,3%
République en marche
22,4%
Alliance Jaune
0,5%
Cling

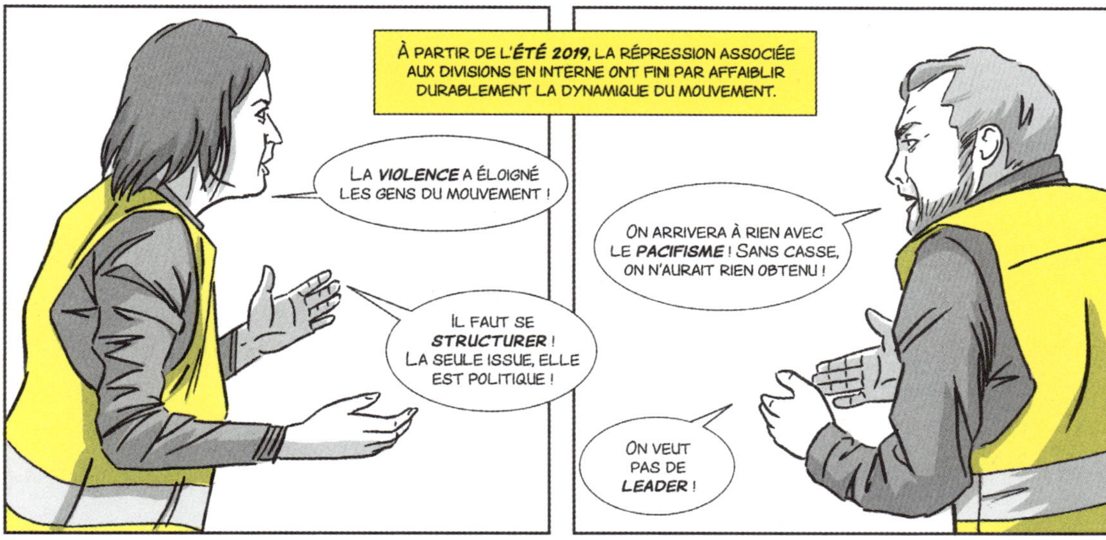
À partir de l'**été 2019**, la répression associée aux divisions en interne ont fini par affaiblir durablement la dynamique du mouvement.
La **violence** a éloigné les gens du mouvement !
Il faut se **structurer** ! La seule issue, elle est politique !
On arrivera à rien avec le **pacifisme** ! Sans casse, on n'aurait rien obtenu !
On veut pas de **leader** !

Même si les **manifestations** se poursuivent, les rangs sont de plus en plus **clairsemés**. Le mouvement se dissout peu à peu dans les mouvements sociaux traditionnels, ou prend la forme de mouvements citoyens, qui émergent un peu partout en France.
Black Rock se fait décorer pendant que les GJ se font défoncer
Prenons pouvoir
De reforme des retraite
Manifestation contre la réforme des retraites
Saint-Brieuc, 9 janvier 2020

La plupart des personnes qui s'étaient déplacées en nombre le **17 novembre 2018**, contre l'augmentation de la **taxe** sur le carburant, ne manifestent plus.
Leur situation ne s'est pourtant pas améliorée. À bien des égards, elle est même encore **pire**.
R.I.C
Les **Gilets Jaunes** ne sont plus que des braises. Mais la **colère** qui les a engendrés, n'est pas éteinte pour autant.

QUI SONT LES GILETS JAUNES ?

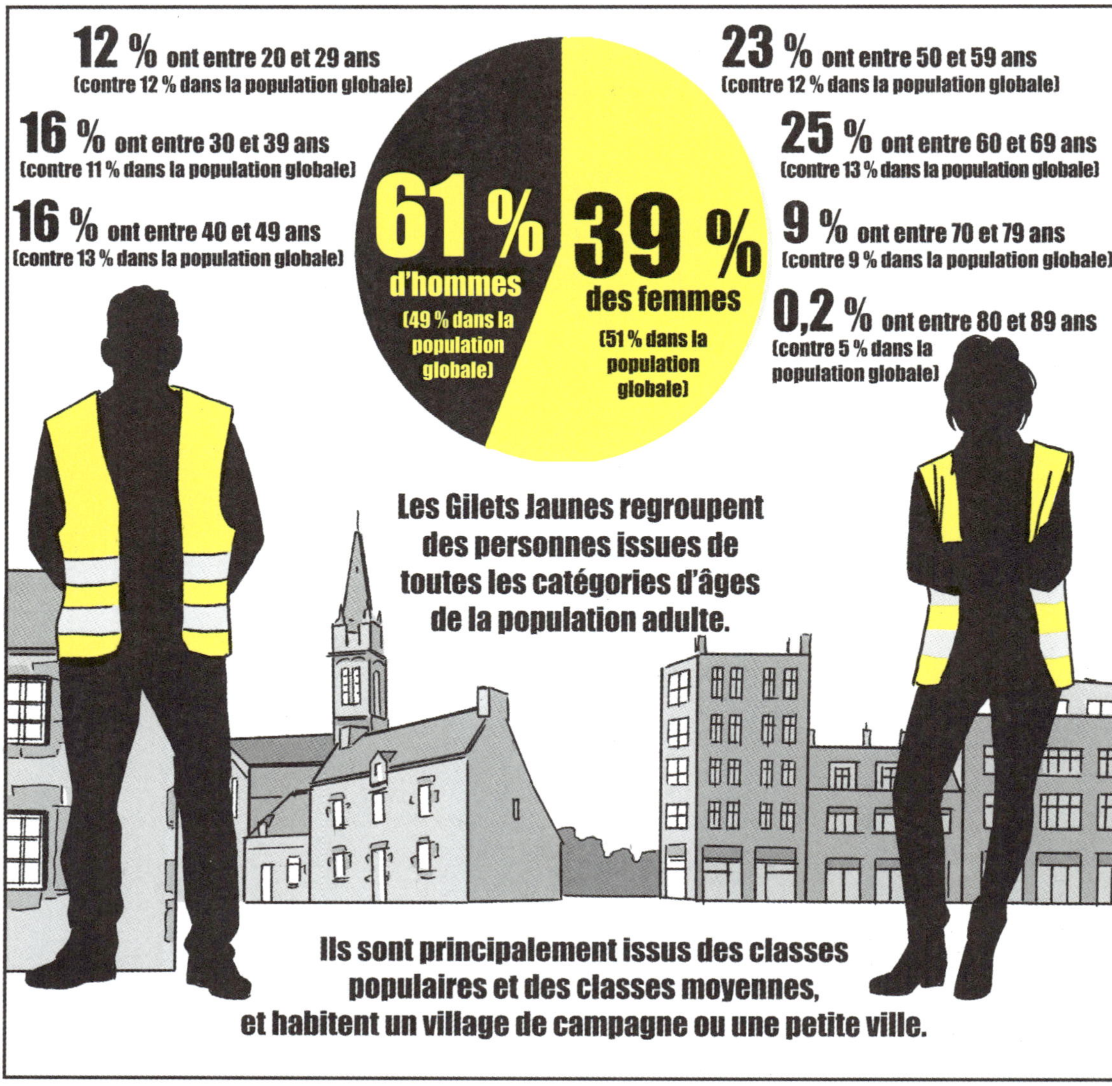

SOURCE : COLLECTIF D'ENQUÊTE SUR LES GILETS JAUNES, REVUE FRANÇAISE DE SCIENCE POLITIQUE, 2019.
LES CHIFFRES CITÉS CONCERNENT LES PERSONNES PRÉSENTES SUR LES RONDS-POINTS.

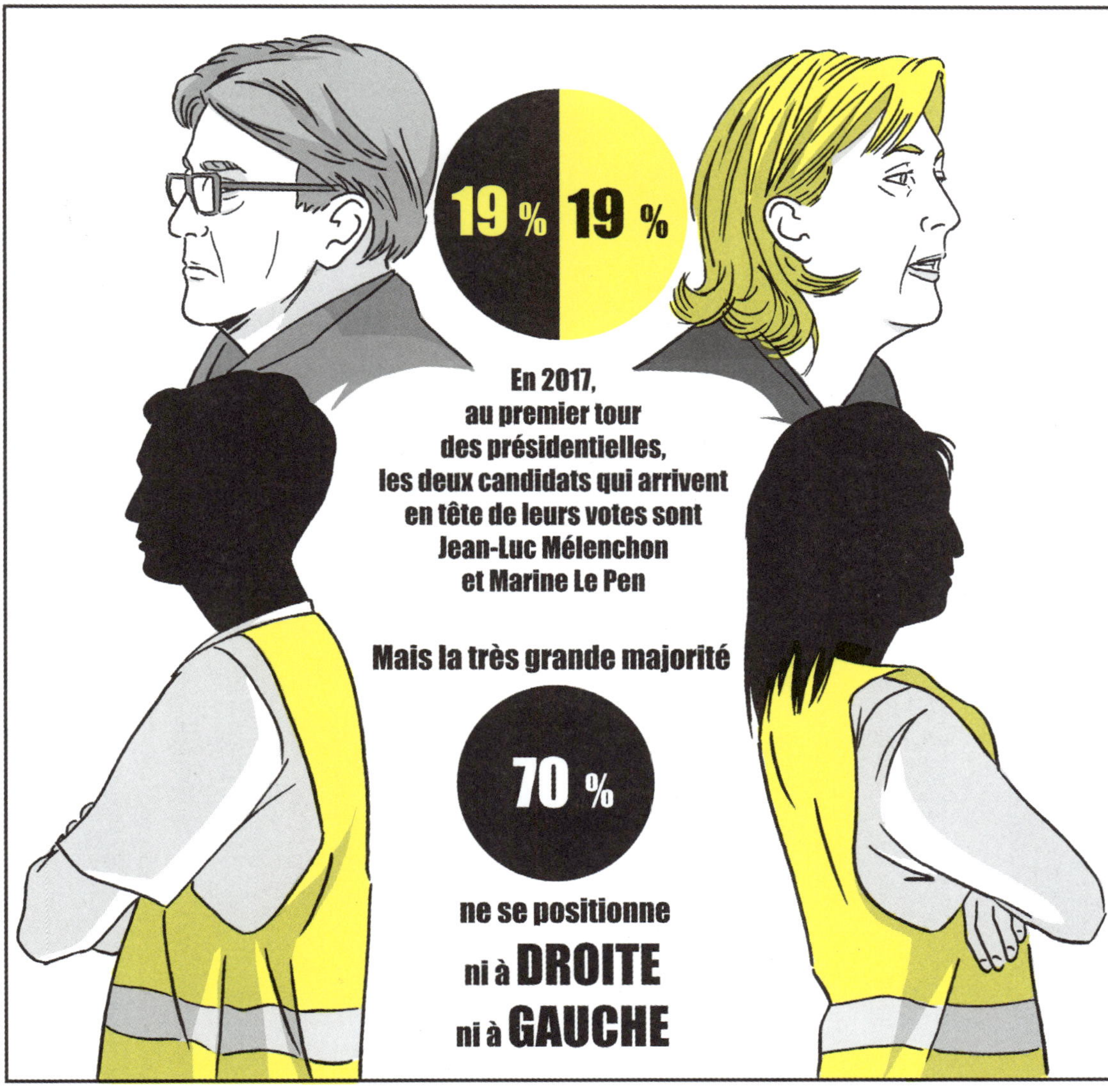

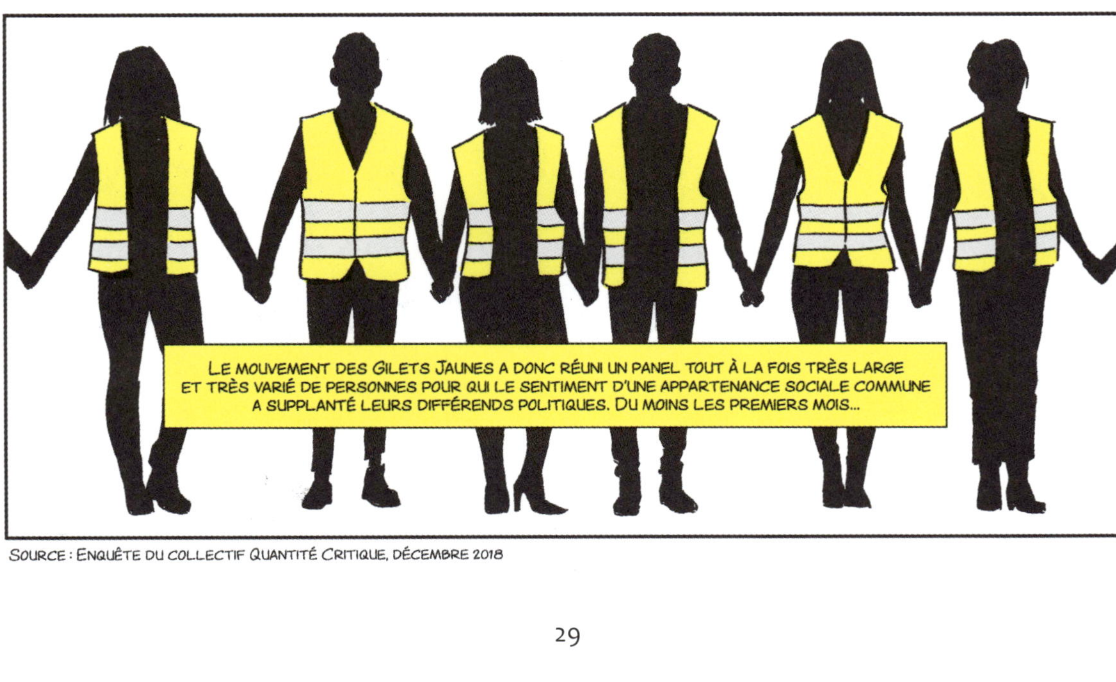

SOURCE : ENQUÊTE DU COLLECTIF QUANTITÉ CRITIQUE, DÉCEMBRE 2018

DANY

« On se dit qu'on est libre,
et en fait on ne l'est pas. »

Dany a 47 ans. Elle est ambulancière et vit dans les Côtes d'Armor avec son fils. Elle fait partie des personnes qui ont contribué au lancement du mouvement dans le département.
Les blocages, les manifestations, la répression... tout cela lui était étranger. Avant de rejoindre les Gilets jaunes, elle n'avait plus manifesté depuis le lycée, et ne s'intéressait pas du tout à la politique.
Elle m'a raconté comment elle avait basculé, du jour au lendemain, dans une autre réalité. Et comment tout cela l'a profondément changée.

Née dans les Côtes d'Armor, Dany a grandi dans une famille recomposée, entourée de sa mère et de son beau-père, commerçants, et de ses deux demi-soeurs.
Mon père est décédé avant ma naissance. Je porte le même prénom que lui.
C'est pour ça que je me fais appeler Dany. Mon père, c'est Daniel, et Dany, c'est moi !

Après la terminale, elle s'est orientée vers le social en devenant éducatrice monitrice auprès d'enfants handicapés et de jeunes placés.
J'ai arrêté par conviction, parce que je trouvais qu'on ne nous donnait pas les moyens de les aider correctement.

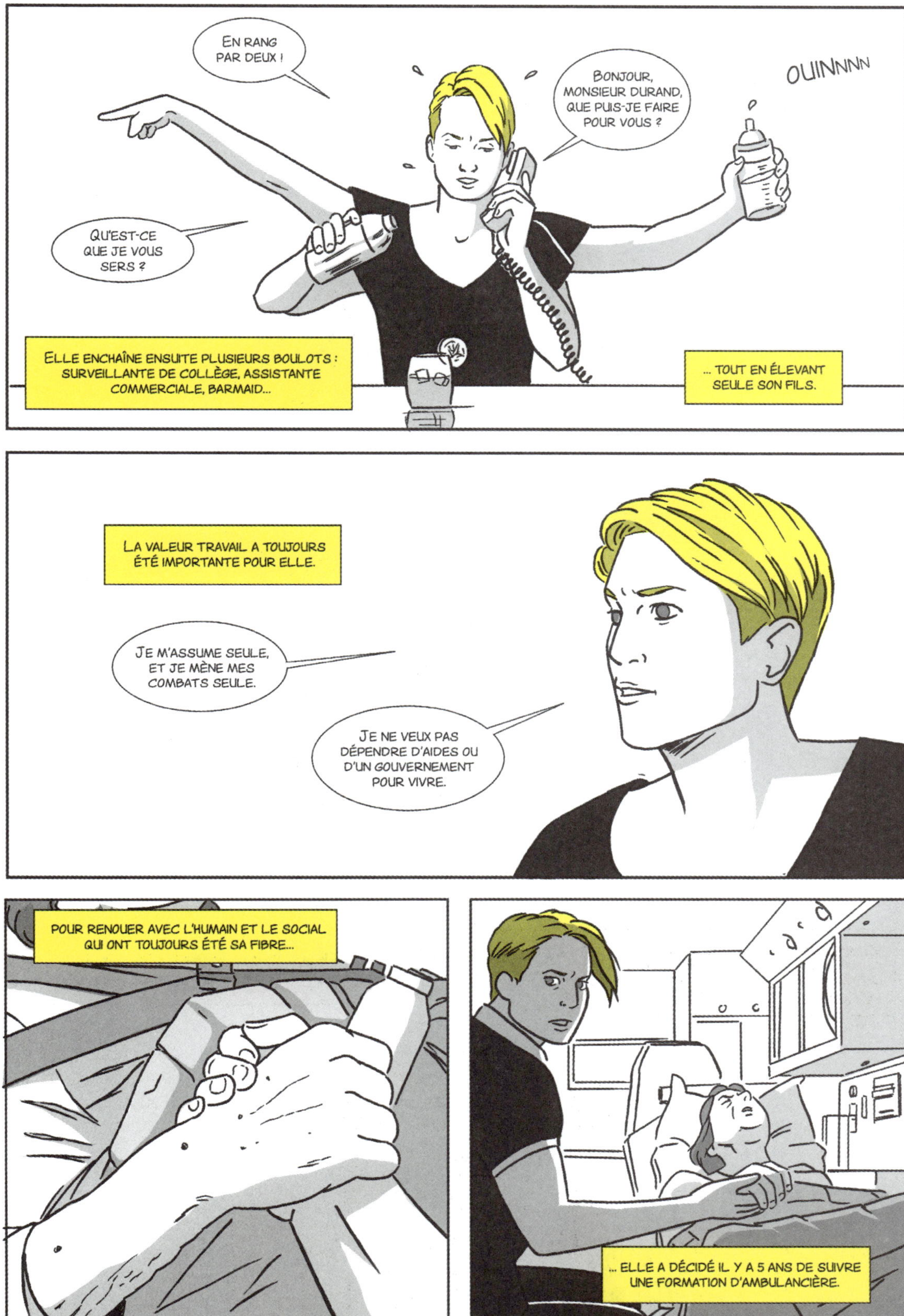
EN RANG PAR DEUX !
BONJOUR, MONSIEUR DURAND, QUE PUIS-JE FAIRE POUR VOUS ?
OUINNNN
QU'EST-CE QUE JE VOUS SERS ?
ELLE ENCHAÎNE ENSUITE PLUSIEURS BOULOTS : SURVEILLANTE DE COLLÈGE, ASSISTANTE COMMERCIALE, BARMAID...
... TOUT EN ÉLEVANT SEULE SON FILS.
LA VALEUR TRAVAIL A TOUJOURS ÉTÉ IMPORTANTE POUR ELLE.
JE M'ASSUME SEULE, ET JE MÈNE MES COMBATS SEULE.
JE NE VEUX PAS DÉPENDRE D'AIDES OU D'UN GOUVERNEMENT POUR VIVRE.
POUR RENOUER AVEC L'HUMAIN ET LE SOCIAL QUI ONT TOUJOURS ÉTÉ SA FIBRE...
... ELLE A DÉCIDÉ IL Y A 5 ANS DE SUIVRE UNE FORMATION D'AMBULANCIÈRE.

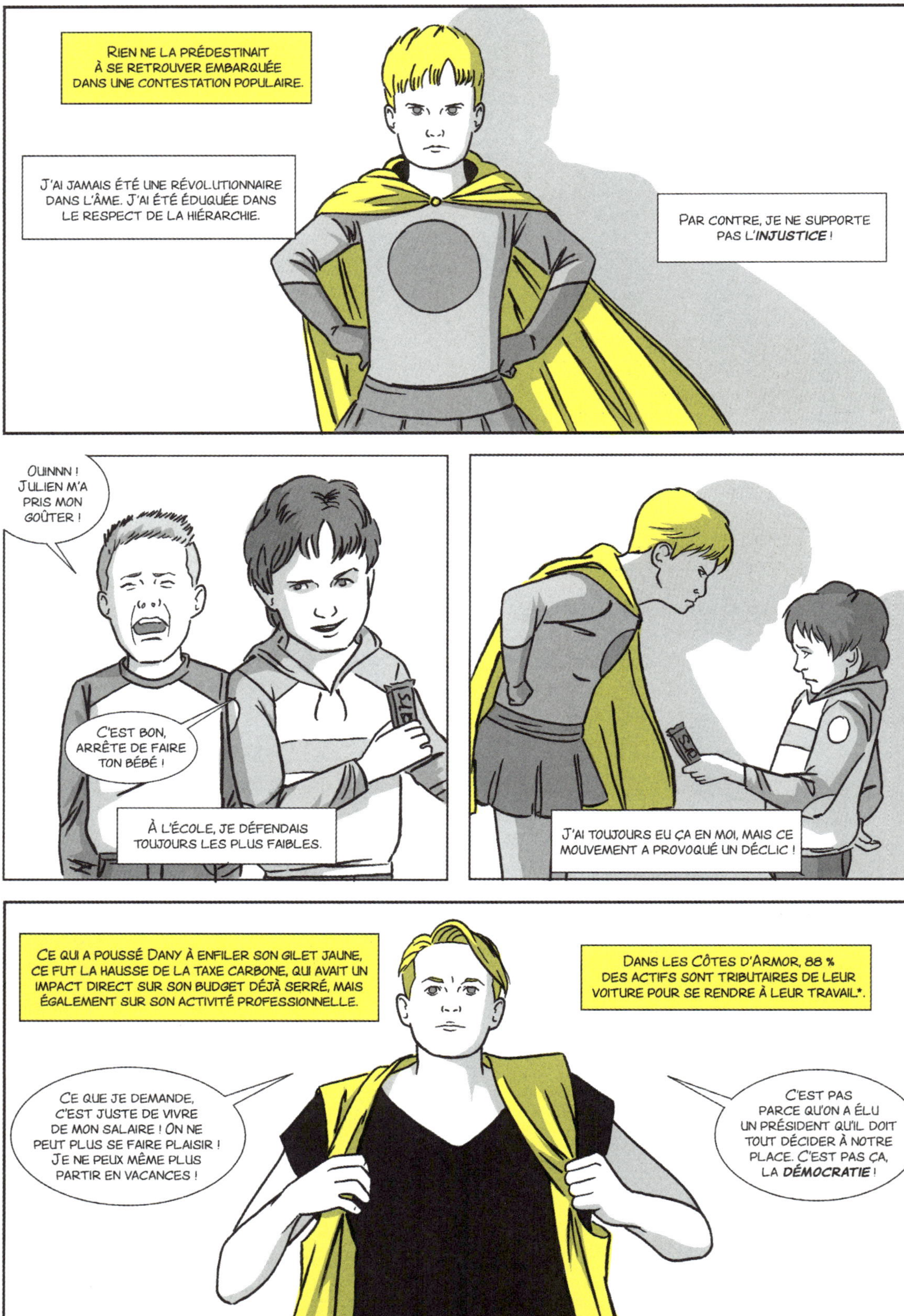

* SOURCE : INSEE, 2017

Pour elle, tout a commencé, en **octobre 2018**, par un post sur le groupe Facebook « Le Pouvoir du Peuple 22 ». Ce groupe était la base du rassemblement du **17 novembre 2018** sur l'aire de Plestan dans les Côtes d'Armor.
Ce fut le point de départ d'une opération escargot sur la **RN12** (reliant Brest et Rennes), puis du blocage de la zone commerciale de Langueux.
Ils ont lancé un appel pour des organisateurs. Et là, je sais pas pourquoi, mais j'ai dit oui !
Si j'avais su dans quoi je m'embarquais !
Rassemblement de l'aire de Carmoran
Plestan, Côtes d'Armor
17 novembre 2018
C'est vraiment ce jour-là que je me suis dit qu'on s'engageait dans un truc de taré...
Ambulance de secours et de soins d'urgence
0296
Macron démission !
Macron démission !
Macron dehors
Rejoignez vos véhicules !
On part en opération escargot !

PINPONNNN
PINPONNNN
TÛTTT
TÛTÛÛTTT
TÛTÛÛTTT
OH, LA VACHE !!
BLOCAGE DE LA ZONE COMMERCIALE
LANGUEUX, CÔTES D'ARMOR
17 NOVEMBRE 2018
ON ESTIME QU'ENTRE 10 000 ET 50 000 PERSONNES AVAIENT RÉPONDU À L'APPEL ET S'ÉTAIENT RASSEMBLÉES À LANGUEUX.
CE JOUR-LÀ, J'AI PRIS CONSCIENCE QUE J'ÉTAIS PAS LA SEULE...
ON ÉTAIT TOUS D'ACCORD SUR LE FAIT QU'IL Y AVAIT UN PROBLÈME QUELQUE PART...

Et puis après, on a continué, on a suivi le mouvement sans trop savoir jusqu'où on allait.
On s'est pas trop posé de questions au démarrage, mais on aurait peut-être dû !
Par moments, on s'est retrouvés pris dans quelque chose qui nous dépassait !
Comme un peu partout en France, les manifestants ont investi les ronds-points le soir du 17 novembre.
POLICE
POLICE
Langueux est devenue une zone de convergence des Gilets Jaunes du département, mais aussi d'affrontements avec les forces de l'ordre qui cherchaient à les déloger.
POLICE
J'adhérais pas du tout à ce qui se passait à Langueux, surtout en fin de journée.
Parce que j'avais énormément de respect pour les forces de l'ordre, pour la loi, pour la justice...
C'est alors que j'ai reçu une invitation à rejoindre une marche sur Lamballe le 24 novembre...
Lamballe, Côtes d'Armor
24 novembre 2018

À L'ISSUE DE CETTE MARCHE, LES GILETS JAUNES DE LAMBALLE ONT INVESTI LE ROND-POINT DE **LANJOUAN**, DANS LA ZONE COMMERCIALE, POUR Y CONSTRUIRE LEUR PREMIÈRE CABANE, AVEC DU BOIS DE PALETTES ET DES MATÉRIAUX DE RÉCUPÉRATION.
CE LIEU DEVINT LEUR PREMIER **Q.G.** (QUARTIER GÉNÉRAL). DÉLOGÉS PAR LES GENDARMES LE **29 NOVEMBRE**, ILS EN CONSTRUISIRENT ENSUITE UN AUTRE, SUR UN TERRAIN PRÊTÉ PAR LA MAIRIE.
MANU TRAVERSE LA ROUTE, VAS CHERCHER DU BOULOT... LE PEUPLE TE VIRE SANS INDEMNITÉS
CE LIEU A FÉDÉRÉ UN CERTAIN NOMBRE DE PERSONNES, POUR QUI ENTRER EN CONFLIT AVEC LES FORCES DE L'ORDRE, C'ÉTAIT PAS VRAIMENT LEUR TRUC.
ON A DÉMARRÉ DES ACTIONS BEAUCOUP PLUS **PACIFISTES**, COMME L'ORGANISATION DE MARCHES DE PROTESTATION...
PEUPLE UNI JAMAIS VAINCU
LAMBALLE
1ER DÉCEMBRE 2018

TOUTES LES SEMAINES, LES GILETS JAUNES DE LAMBALLE SE RÉUNISSAIENT EN ASSEMBLÉE GÉNÉRALE (A.G.). C'EST LORS D'UNE DE CES RÉUNIONS INFORMELLES QUE DANY A ÉTÉ NOMMÉE PORTE-PAROLE, AVEC UNE AUTRE PERSONNE. UN RÔLE QUI S'EST RÉVÉLÉ NE PAS ÊTRE DE TOUT REPOS.
LA DIFFICULTÉ DE CE MOUVEMENT, C'EST QU'IL N'Y A PAS DE CADRE. CERTAINS SE PERMETTENT DES CHOSES, ET D'AUTRES PAS. ON RETROUVE VRAIMENT TOUTE LA SOCIÉTÉ...
ON A CHACUN NOS PROPRES VERROUS. MOI, J'EN AI. CERTAINS ONT PÉTÉ, MAIS PAS TOUS.
UN DES PREMIERS VERROUS DE DANY A SAUTÉ LORSQU'ELLE A PARTICIPÉ AU BLOCAGE DU PORT DE SAINT-MALO.
COLÈRE
BLOCAGE DU PORT
SAINT-MALO, ILLE-ET-VILAINE
5 JANVIER 2019
LÀ-BAS, ELLE A DÉCOUVERT UNE AUTRE RÉALITÉ...
... LORQUE LES POLICIERS SONT VENUS POUR DÉBLOQUER LE PORT.
ÇA A GAZÉ RAPIDEMENT...
UN MEC A ÉTÉ ARRÊTÉ...
LÀ JE ME SUIS DIT : AH D'ACCORD, C'EST VRAIMENT COMME ÇA QUE ÇA SE PASSE !

MANIFESTATION RÉGIONALE
SAINT-BRIEUC, CÔTES D'ARMOR
12 JANVIER 2019
QUI SÈME LA MISÈRE... RÉCOLTE LA COLÈRE !
DANY A PASSÉ UN AUTRE CAP QUELQUES JOURS PLUS TARD, LORS DE SON PREMIER GRAND RASSEMBLEMENT, À SAINT-BRIEUC...
APRÈS UN DÉBUT DE MANIFESTATION BON ENFANT, UN TYPE DÉGUISÉ EN LAPIN A TENTÉ D'ESCALADER LE PORTAIL D'ENTRÉE DE LA PRÉFECTURE. LES FORCES DE L'ORDRE ONT ACTIONNÉ DES LANCES À EAU, CE QUI A DÉCLENCHÉ DES AFFRONTEMENTS.
LES MANIFESTANTS ONT ÉTÉ DISPERSÉS ENSUITE À COUPS DE GAZ LACRYMO ET DE TIRS DE LBD.

DÉGAGEZ LA PLACE !
JE T'INTERDIS DE ME TOUCHER !
SI JE VEUX RESTER LÀ, JE RESTERAI LÀ !
JE FAIS RIEN DE MAL !
VOUS POURREZ TOUT M'INTERDIRE...
... MAIS VOUS POURREZ PAS M'INTERDIRE D'OUVRIR MA GUEULE !

On est là !
On est là !
Défilé du 14 juillet 2019
Champs-Elysées, Paris
Même si Macron ne veut pas
Nous, on est là !
Les premiers mois, Dany appréhendait d'être arrêtée et de finir au poste.
BRAVO
BRAV
Elle a finalement écopé de quelques heures de garde-à-vue pour avoir scandé des chants anti-macron sur les Champs-Elysées lors du défilé du 14 juillet.
On m'aurait dit un an avant que j'allais me retrouver dans un bus de flics, en garde-à-vue, je l'aurais jamais cru !
Monsieur ?
Vous m'entendez, Monsieur ?
Mais le moment qui l'a le plus marquée reste quand un passant a été pris d'un malaise au moment du passage du cortège, au cours de sa première manifestation à Rennes...

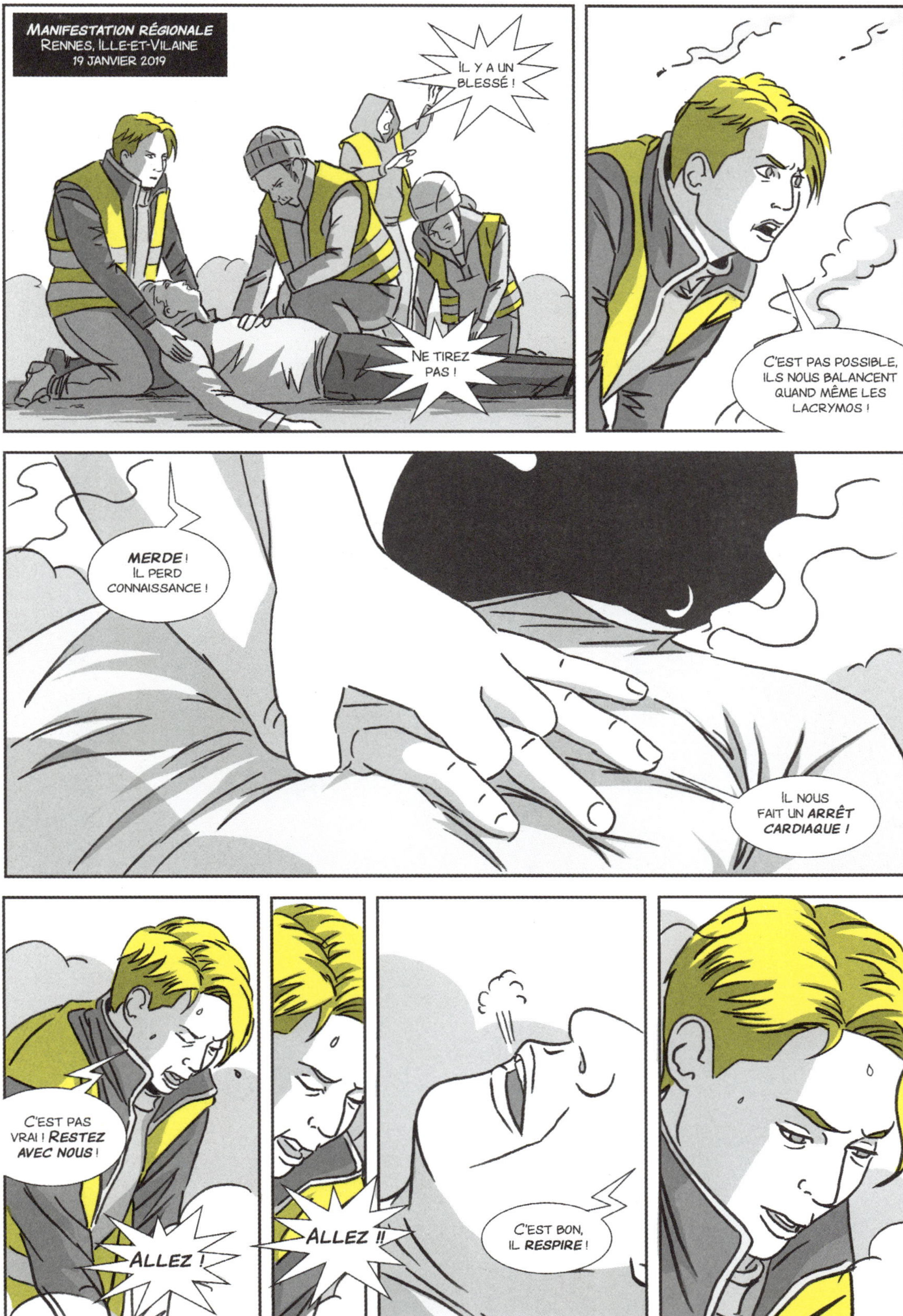

MANIFESTATION RÉGIONALE
RENNES, ILLE-ET-VILAINE
19 JANVIER 2019
IL Y A UN BLESSÉ !
NE TIREZ PAS !
C'EST PAS POSSIBLE, ILS NOUS BALANCENT QUAND MÊME LES LACRYMOS !
MERDE ! IL PERD CONNAISSANCE !
IL NOUS FAIT UN ARRÊT CARDIAQUE !
C'EST PAS VRAI ! RESTEZ AVEC NOUS !
ALLEZ !
ALLEZ !!
C'EST BON, IL RESPIRE !

QUELQUES JOURS PLUS TARD, EN FÉVRIER 2019, À L'ISSUE D'UN VOTE EN INTERNE, IL EST DÉCIDÉ QUE LE Q.G. DE LAMBALLE SOIT INCENDIÉ. SON OCCUPATION RÉCLAMAIT UNE PRÉSENCE CONSTANTE SUR PLACE, JUGÉE TROP CONTRAIGNANTE À CE MOMENT-LÀ.
LE GROUPE LAMBALLAIS S'EST ALORS ÉPARPILLÉ. CERTAINS ONT CONTINUÉ À OCCUPER LE ROND-POINT, TANDIS QUE D'AUTRES ONT REJOINT DIFFÉRENTS GROUPES DANS LE DÉPARTEMENT.
DANY A REJOINT L'ÉQUIPE DE SAINT-BRIEUC, ET S'EST CONCENTRÉE SUR LES GRANDS RASSEMBLEMENTS. PENDANT UN TEMPS, ELLE A MIS SES COMPÉTENCES MÉDICALES À CONTRIBUTION, EN DEVENANT STREET MEDIC.
ELLE S'EST ALORS RETROUVÉE CONFRONTÉE RÉGULIÈREMENT À LA VIOLENCE ET À LA RÉPRESSION.
L'IMAGE QU'ELLE AVAIT DE LA POLICE S'EN EST TROUVÉE BOULEVERSÉE, AINSI QUE CERTAINS DE SES REPÈRES MORAUX.
LA VIOLENCE, C'EST CE QUI A LE PLUS BOUSCULÉ LES GENS, PARCE QU'ON N'AVAIT JAMAIS ÉTÉ CONFRONTÉS À ÇA.

Pourtant, au début du mouvement, une forme de **fraternisation** avec la **Police** était clairement souhaitée par les manifestants.
Sur le rassemblement de Plestan, le **17 novembre 2018**, une minute de silence avait même eu lieu en hommage à **Maggy Biskupski**, une policière qui s'était suicidée quelques jours plus tôt, et qui alertait sur les conditions de travail et le mal-être de sa profession.
HOMMAGE A MAGGY
Bien vite, tout cela a changé...
Je ne pensais pas que des êtres humains derrière un uniforme étaient capables de ça.
Ça a été très compliqué pour moi de voir ça.
Du coup, je comprends mieux que certains en arrivent à être **violents**...
Certains sont pris de **colère** quand il se retrouvent face à des flics.
Mais il y a aussi des anarchistes, anti-gouvernement, anti-flics, qui cherchent l'**affrontement**.

AU FIL DES MOIS, DANY A DÉCOUVERT TOUT L'ÉCOSYSTÈME QUI GRAVITE AUTOUR DES GRANDES MANIFESTATIONS, ET NOTAMMENT LE BLACK BLOC.
LE BLACK BLOC UTILISE UN MODE D'ACTION DIRECT ET COLLECTIF, QUI SE VEUT UNE RÉPONSE À LA VIOLENCE SYSTÉMIQUE DU CAPITALISME ET DE L'ÉTAT QUI LE SOUTIENT.
CELA PEUT IMPLIQUER LA CONFRONTATION PHYSIQUE AVEC LES FORCES DE L'ORDRE, ET LA DÉGRADATION DES SYMBOLES DU CAPITALISME : BANQUES, AGENCES D'INTÉRIM, AGENCES IMMOBILIÈRES, MULTINATIONALES...
CES GROUPES SE GREFFENT DEPUIS QUELQUES ANNÉES À LA PLUPART DES GRANDES MANIFESTATIONS. LEURS MÉTHODES SE SONT LARGEMENT RÉPANDUES DURANT CELLES DES GILETS JAUNES.

LES VRAIS BLACK BLOCS, J'EN AI VU EN PLEINE ACTION, ON SENT UNE ORGANISATION, ON SENT QU'ILS CIBLENT CERTAINES CHOSES, C'EST CONTRÔLÉ.

AUJOURD'HUI, LA PLUPART DES SOI-DISANT BLACK BLOCS, CE SONT EN FAIT LE PLUS SOUVENT DES CASSEURS... OU DES FLICS !
JE COMPRENDS PAS QU'ON N'ARRIVE PAS À LES ARRÊTER ! POUR MOI, C'EST VOULU.

Petit à petit, les méthodes de maintien de l'ordre mises en place lors des manifestations des Gilets Jaunes sont devenues la norme.
Le 21 juin 2019, à Nantes, Steve, un animateur périscolaire de 24 ans, est mort noyé suite à une charge de police musclée lors de l'évacuation d'une soirée électro sur les bords de la Loire.
Que fait la police?
Justice pour Steve
Fresque en hommage à Steve
Nantes, Loire-Atlantique
Juillet 2019
À partir de cet été-là, Dany décide de moins s'investir. C'est en espaçant les manifs qu'elle s'est rendue compte d'une certaine forme d'addiction aux situations de tension, qui était devenue toxique.
Plus tu fais de grosses manifs, moins t'as peur. Et plus tu es agressif. Y a une adrénaline, tu y prends goût.
C'est une sorte de drogue. C'est assez bizarre comme sensation. À un moment, tu y vas pour ça, et tu oublies les revendications.
La casse, le conflit face aux Forces de l'Ordre, plus ça allait et moins j'adhérais.
Certains ont fini par l'accepter, par se dire qu'il fallait en passer par là...
Pas moi.

ELLE FINIT PAR SE DÉSINVESTIR TOTALEMENT DU FONCTIONNEMENT INTERNE DU MOUVEMENT.
C'ÉTAIT BEAUCOUP DE PRESSION POUR MOI. IL FALLAIT QUE JE ME REPRENNE EN MAIN, POUR ME RESSOURCER ET SURTOUT, PRENDRE DU RECUL.
PENDANT PRESQU'UN AN, J'AI MIS MA VIE FAMILIALE ET SOCIALE DE CÔTÉ...
BEAUCOUP DE CEUX QUI ÉTAIENT SUR LAMBALLE ONT ARRÊTÉ AUSSI, LES GENS ONT REPRIS LEUR VIE.
TOUS LES JOURS, JE ME SUIS POSÉ LA QUESTION D'ARRÊTER... CE SONT LES CONFLITS QU'ON A EU EN INTERNE QUI M'ONT LE PLUS FATIGUÉE !

Identifiée comme l'une des initiatrices du rassemblement du 17 novembre 2018 dans les Côtes d'Armor, Dany a été régulièrement sollicitée par les médias locaux et nationaux. Cela lui a valu des critiques en interne.
J'ai essayé de porter la voix des gens, pas pour parler à leur place, mais pour eux.
J'ai voulu en profiter pour renvoyer une autre image du gilet jaune.
J'ai voulu bien faire, et en fait je me suis plantée. C'était une erreur.
Au fil des mois, des scissions d'ordre stratégique se sont également renforcées à l'intérieur du mouvement. Notamment entre ceux qui privilégiaient les actions de terrain et ceux qui prônaient la structuration autour d'un projet politique. Ces deux tendances, pourtant complémentaires, se sont finalement opposées.
Au début, ça a marché, mais après les divisions sont revenues.
Moi, je me sens plus à l'aise sur le terrain.
À la base, le Gilet Jaune, il n'était pas militant. C'étaient des gens comme toi, comme moi, comme tout le monde, qui sont sortis dans la rue !
Dans les faits, les gilets jaunes ont pu bénéficier de l'expérience de militants syndicaux ou politiques de longue date, même si Dany reste sceptique concernant la convergence avec ces différentes luttes.
Les syndicats en manif, dès que ça commence à chauffer, ils s'échappent ! C'est pas vraiment une convergence !

POUR DANY, DEUX ANS APRÈS LE DÉBUT DU MOUVEMENT, LE CONSTAT EST ASSEZ AMER.
LA PRIME DE MACRON, MOI J'EN N'AI PAS VU LA COULEUR DANS MON ENTREPRISE ! LE GASOIL EST DESCENDU, MAIS IL EST REMONTÉ DEPUIS...
EN FAIT, RIEN N'A CHANGÉ. ON TRIME TOUJOURS AUTANT.
JE ME POSE LES MÊMES QUESTIONS QU'AU DÉBUT !
COMMENT FAIRE POUR QUE ÇA CHANGE ?
ELLE SE CONCENTRE DÉSORMAIS PLUTÔT SUR LES COMBATS IMMÉDIATS, SUR LESQUELS ELLE PEUT AVOIR UN IMPACT DIRECT.
DANY A MONTÉ UNE ASSOCIATION DE DÉFENSE DU MÉTIER D'AMBULANCIER. ELLE VOUDRAIT METTRE EN PLACE DES FORMATIONS POUR LES SALARIÉS, ET VALORISER LEUR STATUT.
J'ESPÈRE QUE TOUT CE QU'ON A VÉCU VA DÉBOUCHER SUR AUTRE CHOSE.
ON N'A PAS PERDU NOTRE TEMPS, PARCE QU'ON A OUVERT LES YEUX SUR PAS MAL DE CHOSES. ON A APPRIS. ON A ÉVOLUÉ.
SI, À GRANDE ÉCHELLE, CHACUN DE NOUS, INDIVIDUELLEMENT, ÉVOLUE, JE PENSE QU'ON PEUT AVOIR PLUS DE POIDS.

Le mouvement des Gilets Jaunes a totalement chamboulé ses certitudes et ses habitudes.
Petit à petit, elle tente de sortir des schémas de la société de consommation mondialisée, qui représente à ses yeux l'une des sources des problèmes actuels.
Pouah ! Ça pue ton truc !
Ouais, je crois que j'ai mis un peu trop de vinaigre blanc !
Priorité aux produits locaux ou français, aux petits commerçants, à la récupération... Elle fabrique aussi elle-même ses produits ménagers, et s'est aménagé un petit coin potager dans son jardin.
Ce sont des habitudes à changer, et ça ne se fait pas du jour au lendemain !
L'*écologie* est aussi rentrée dans ce que je suis aujourd'hui. Avant, j'y étais sensible, mais passive.
Si je savais coudre, je ferais bien mes propres vêtements... Mais ne pas aller chez Kiabi, c'est encore compliqué !
Je suis toujours en conflit, entre l'envie de consommer et l'envie de mieux consommer, sans surconsommer.

Avant les Gilets Jaunes, elle ne se serait jamais projetée dans une vie alternative, en dehors de la société de consommation.
1€
PROMO
Tomates Cerises Extra !
Poids net 500gr
1€
PROMO
Tomates Cerises Extra !
Poids net 500gr
1€
PROMO
Tomates Cerises Extra !
Poids net 500gr
Au fond, je me verrais bien dans une cabane au fond des bois, ça me suffirait !
PROMO -10%
Au plus profond de nous, on sait qu'on n'a pas besoin de tout ça...
-50%
La réalité immédiate la rattrape. Elle doit subvenir aux besoins de son fils, financer ses études, payer son loyer...
-20%
PROMO -10%
Je dois travailler, j'ai pas le choix... mais je lâcherais bien tout !
Cette dualité est de plus en plus difficile à vivre pour moi... On se dit qu'on est libres, et en fait on ne l'est pas.
Propos recueillis entre janvier 2019 et juillet 2020.

ALEXANDRE

« Ce mouvement, ça a été l'apocalypse dans nos vies à tous. »

Alexandre a 34 ans. Il est magasinier et vit dans les Côtes d'Armor, où il a été très investi tout au long du mouvement.
Avant d'enfiler son gilet jaune, il ne s'était jamais vraiment intéressé à la politique. Mais était sensible aux inégalités et aux injustices qui l'avaient poussé à faire du bénévolat pendant quelques temps.
Ce mouvement, et notamment la répression dont il a été témoin pendant les manifestations, l'a profondément impacté.

GWENDAL LEROY
CARISTE
À RENNES, LE 19 JANVIER 2019, ALEXANDRE A MANQUÉ DE PEU LA GRENADE DE DÉSENCERCLEMENT QUI A ÉBORGNÉ GWENDAL LEROY, TOMBÉ À QUELQUES MÈTRES DE LUI.
MANIFESTATION RÉGIONALE
RENNES, ILLE-ET-VILAINE
19 JANVIER 2019
BAM
AAHH !

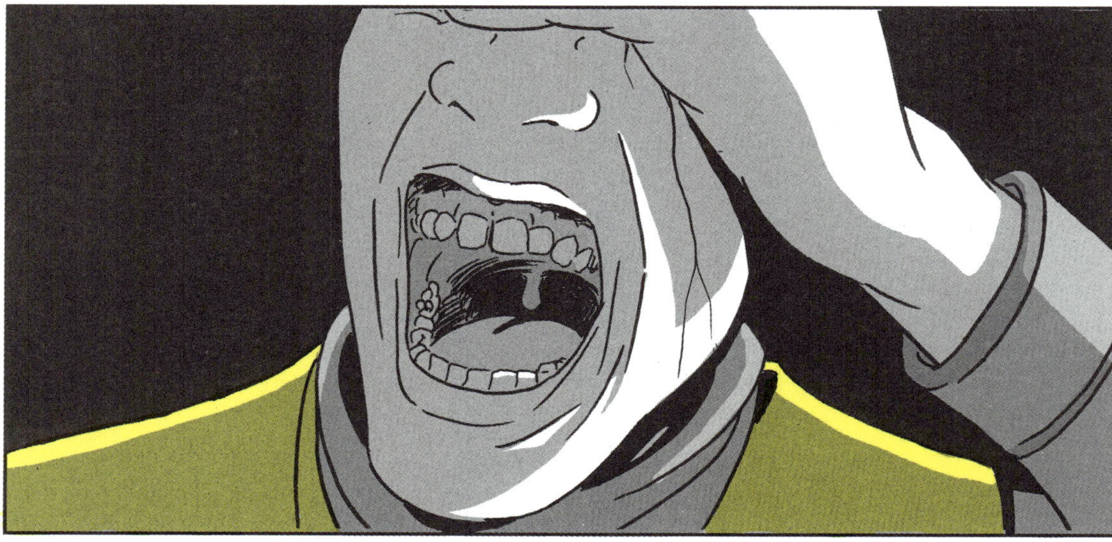

LES **VIOLENCES POLICIÈRES**,
ELLES ONT TOUJOURS EXISTÉ...

IL N'AURAIT PAS FALLU ATTENDRE
LES GILETS JAUNES POUR EN PARLER...
MAIS NOUS, CE SONT DES CHOSES
QU'ON N'AVAIT PAS L'HABITUDE
DE VIVRE OU DE VOIR.

PROPOS RECUEILLIS ENTRE JANVIER 2019 ET JUIN 2020

BENJAMIN

« La cocotte a débordé,
et il n'y a eu aucune réponse
à la crise morale, existentielle
et politique qui a provoqué ça. »

* Le prénom a été changé à sa demande

Issu d'un milieu modeste, et malgré un parcours familial compliqué, Benjamin est parvenu à terminer ses études universitaires, notamment grâce à une bourse.
Sans cela, je n'aurais pas pu m'en sortir, même si je travaillais pendant les vacances universitaires.
J'ai connu plusieurs années de précarité pendant mes études et au début du salariat.
Ça rend lucide.
Compter ses pièces, aller au hard discount, sauter un repas, ne pas mettre de chauffage, avoir peur des factures imprévues... Tout ça, je connais.
C'est durant ses études qu'il a commencé à se rapprocher de mouvements **altermondialistes** et **écologistes**.
J'ai milité dans diverses structures, mais je n'ai jamais été encarté dans un parti politique.
Par la suite, j'ai délaissé l'action de terrain pendant plusieurs années.
J'ai gardé un regard critique sur la société, mais depuis le confort de mon canapé.
attac

* CONCEPT INVENTÉ PAR LE GÉOGRAPHE CHRISTOPHE GUILLUY POUR DÉCRIRE LES CLASSES POPULAIRES VIVANT EN MILIEU RURAL ET PÉRIURBAIN.

MACRON DEHORS
C'ÉTAIT ASSEZ SYMPATHIQUE DE VOIR UN MOUVEMENT POPULAIRE ET MASSIF...
PETITES RETRAITES et grosses taxes
AVEC MACRON on l'a dans l'oignon
ABBA LES SEIGNEURS ET LES NANTIS
... AVEC DES CAMIONS, DES VOITURES...
... DES TRACTEURS.
MACRON TU RUINES LA FRANCE! TU VAS PLIER OU ON VA TE DÉGAGER!!
MACRON DEHORS
MACRON DE HORS
AU DÉPART, BENJAMIN A SURTOUT PARTICIPÉ À DES OCCUPATIONS DE RONDS-POINTS ET DES RASSEMBLEMENTS PACIFISTES...
... AUXQUELS IL A PU EMMENER SON FILS.

JUNIOR, 6 ANS
NOVEMBRE 2018
ALORS, C'ÉTAIT BIEN, LA MANIF ?
OUAIS, TROP BIEN !
J'AI ÉTÉ MANIFESTER PARCE QUE J'ÉTAIS PAS D'ACCORD CONTRE LE PRÉSIDENT EMMANUEL MACRON...
PARCE QUE J'AVAIS PAS VOTÉ POUR LUI !
AH BON, ET T'AURAIS VOTÉ POUR QUI SI T'AVAIS PU ?
SI J'AVAIS VOTÉ, J'AURAIS VOTÉ POUR CENSURÉ
VOUS L'AUREZ COMPRIS, IL AURAIT VOTÉ COMME SON PÈRE...
PAR LA SUITE, L'IMPLICATION DE BENJAMIN DANS LE MOUVEMENT S'EST ACCENTUÉE.
AU DÉBUT, J'ÉTAIS PAS ASSOCIÉ AU CERCLE DES GENS QUI PRENAIENT DES DÉCISIONS, JE FAISAIS PARTIE DE CEUX QUI SUIVAIENT CE QUE LES AUTRES PROPOSAIENT.
LORSQUE NOTRE Q.G. A ÉTÉ DÉTRUIT, EN FÉVRIER 2019, CHACUN EST PARTI DANS SON COIN. IL Y A EU DES CONFLITS EN INTERNE. AVEC CERTAINES PERSONNES, ON A DÉCIDÉ DE CONTINUER D'ÊTRE PRÉSENTS SUR LE ROND-POINT.

ON ÉTAIT CRITIQUÉS PAR CERTAINS QUI CONSIDÉRAIENT QUE ÇA NE SERVAIT PLUS À RIEN. QU'IL FALLAIT FAIRE DES MANIFS, MONTER SUR DES GRANDS RASSEMBLEMENTS.
ON NE PEUT À LA FOIS SERRER LA CEINTURE ET BAISSER SON FROC !!!
MAIS CEUX QUI SONT ALLÉS SUR LES MANIFS SE SONT ÉPUISÉS AUSSI, TOUS LES WEEK-ENDS.
ON NE PEUT PAS FORCÉMENT DIRE QUE LEUR STRATÉGIE À EUX A MIEUX FONCTIONNÉ.
MAIS LA NÔTRE NON PLUS. QUAND TU AS PASSÉ PLUSIEURS MOIS SUR LES RONDS-POINTS, TU AS FAIT LE TOUR. IL Y A DE MOINS EN MOINS DE MONDE QUI EST MOTIVÉ.
TU TE RETROUVES À VENIR DISCUTER AVEC DES COPAINS, EN FAIT.
C'EST JUSTE QUE TA PRÉSENCE, ELLE EST **POLITIQUE**.
MAIS ÇA FAIT PAS TREMBLER LA **MACRONIE**. ÇA FAIT PAS TREMBLER LE **CAPITALISME**.

MANIFESTATION RÉGIONALE
SAINT-BRIEUC, 26 JANVIER 2019
HABITUÉ À DES STRUCTURES MILITANTES PLUS ORGANISÉES, BENJAMIN A ÉTÉ UN PEU DÉCONTENANCÉ AU DÉPART PAR LA SPONTANÉITÉ DU MOUVEMENT.
C'ÉTAIT TRÈS HORIZONTAL. ON APPELAIT À FAIRE UN RASSEMBLEMENT, MAIS ON NE SAVAIT PAS FORCÉMENT QUI ALLAIT VENIR ET COMMENT GÉRER LES GENS, PARCE QU'IL N'Y AVAIT PAS DE SERVICE D'ORDRE...
TOUT ÇA ÉTAIT UN PEU FOUTRAQUE. IL Y AVAIT DES THÉORIES DU COMPLOT QUI CIRCULAIENT, DES INFILTRATIONS DE PARTIS POLITIQUES, DES APPELS À LA VIOLENCE...
BLOCAGE DE LA RN12
LANGUEUX, 1ER DÉCEMBRE 2018
L'OPTIQUE DE BENJAMIN RESTE AVANT TOUT PACIFISTE, MÊME SI ELLE A ÉVOLUÉ AVEC LE TEMPS.
LES GENS QUI VEULENT CASSER, ILS VONT SE FAIRE PLAISIR, ILS VONT ÉVACUER LEUR COLÈRE...
MAIS FINALEMENT, LE GARS QUI EST DEVANT SA TÉLÉ, QUAND IL VA VOIR ÇA, ÇA VA PAS LE CONVAINCRE QU'ON A UNE ALTERNATIVE CRÉDIBLE À PROPOSER.
ET ÇA VA RENFORCER LES STRATÉGIES MÉDIATIQUES DE MANIPULATION DE L'OPINION.
QUAND JE VAIS SUR DES ACTIONS, J'Y VAIS PAS DU TOUT AVEC L'IDÉE QUE JE VAIS TAPER SUR LES FLICS.
PAR CONTRE, JE SAIS QUE S'IL Y A UN SOUCI UN JOUR, ET QUE JE ME SENS EN DANGER, IL FAUDRA PEUT-ÊTRE QUE JE ME DÉFENDE.

MACRON
ROI DU BLA BLA
GREENPEACE
C'EST EN ALLANT À LA MANIFESTATION POUR LE **CLIMAT** À **PARIS**, LE **21 SEPTEMBRE 2019**, QUE BENJAMIN A PRIS CONSCIENCE DE LA RÉALITÉ DE LA VIOLENCE DES GRANDS RASSEMBLEMENTS.
J'AI EU UNE ÉVOLUTION VRAIMENT TRÈS **DÉCALÉE**, PARCE QUE JE NE SUIS PAS DU TOUT ALLÉ SUR LES GRANDS RASSEMBLEMENTS NATIONAUX AVANT CELUI-LÀ...
JE SAVAIS BIEN À QUOI M'ATTENDRE, MAIS QUAND TU LE VIS CONCRÈTEMENT, ÇA PREND UNE AUTRE DIMENSION.
EMPÊCHÉS DE MANIFESTER, ET RÉPONDANT À UN APPEL À LA **CONVERGENCE** DES LUTTES...
... LES GILETS JAUNES AVAIENT REJOINT LA MARCHE POUR LE CLIMAT.
MAIS LES CHOSES ONT RAPIDEMENT **DÉGÉNÉRÉ**.
INFILTRÉ PAR DES **BLACK BLOCS**, LE CORTÈGE S'EST FAIT GAZER PAR LES FORCES DE L'ORDRE, ET DES AFFRONTEMENTS ONT ÉCLATÉ, À PEINE LA MANIFESTATION COMMENCÉE...
... CE QUI A PROVOQUÉ UN MOUVEMENT DE **PANIQUE** PARMI LA FOULE.

ON S'EST RETROUVÉS **NASSÉS**.
C'EST STRESSANT ! TU ES COINCÉ DANS UN BOUT DE RUE, ET TU NE PEUX PLUS SORTIR.
EN PLUS, IL Y AVAIT DE LA LACRYMO PARTOUT !
3A
POURQUOI VOUS NOUS LAISSEZ PAS SORTIR ?
LÀ, VOUS NOUS PROTÉGEZ PAS. VOUS NOUS METTEZ EN **DANGER** !
J'ÉTOUFFE !
LAISSEZ-MOI PASSER !
3A
LE SIMPLE FAIT D'ÊTRE LÀ, TU DEVIENS UN **ENNEMI** À LEURS YEUX.

J'AI EU L'IMPRESSION DE REVENIR D'UNE ZONE DE ***GUERRE CIVILE*** QUI NE DIT PAS SON NOM. ET QUI SE REPRODUIT À L'IDENTIQUE, SAMEDI APRÈS SAMEDI.
POLIC
IL Y A UNE ESPÈCE DE JEU, OÙ LES FLICS SONT CONTENTS, OÙ CEUX QUI VEULENT LA CONFRONTATION SONT CONTENTS...
DANS TOUS LES MOUVEMENTS, IL Y A TOUJOURS DEUX COURANTS. UN QUI JUSTIFIE L'EMPLOI DE LA ***VIOLENCE***, UN AUTRE QUI PRÔNE LA ***NON-VIOLENCE***...
LA ***VIOLENCE*** POUR MOI, C'EST CE QUI MET EN DANGER L'***INTÉGRITÉ PHYSIQUE*** ET ***MORALE*** DES PERSONNES. LA ***CASSE***, LORSQU'ELLE EST ***CIBLÉE***, AVEC UN OBJECTIF POLITIQUE CLAIR, CE N'EST ***PAS*** DE LA VIOLENCE...
LA ***VRAIE*** VIOLENCE, ELLE EST DANS LE CHÔMAGE DE MASSE, LE TRAVAIL QUI TUE, LES MORTS DE L'AMIANTE, ET DE LA RUE...
C'EST LA STRATÉGIE POLICIÈRE QUI A ALIMENTÉ EN PARTIE LES GROUPES COMME LES ***BLACK BLOCS*** !
POUR CERTAINS, ILS PEUVENT REPRÉSENTER UNE FORME D'***AUTO-DÉFENSE*** FACE À UNE RÉPRESSION DISPROPORTIONNÉE.
QUAND TU T'ES FAIT FRAPPER OU GAZER, ALORS QUE T'AVAIS RIEN FAIT, C'EST ASSEZ LOGIQUE QU'EN Y RETOURNANT LA FOIS D'APRÈS, TU SOIS MOINS « NAÏF ».
MOI, JE NE ME VOIS PAS PÉTER DES VITRINES ET BRÛLER DES POUBELLES... MAIS SI UN MEC À CÔTÉ DE MOI LE FAIT, JE NE VAIS PAS LUI DIRE DE NE PAS LE FAIRE.
LE CONTEXTE DE LA MANIF CHANGE TA PERCEPTION ***MORALE***.

LE 1ER ET LE 8 DÉCEMBRE 2018, LES MANIFESTATIONS PARISIENNES ONT TOURNÉ À L'ÉMEUTE. PILLAGES, CONFRONTATION PHYSIQUE AVEC LES FORCES DE L'ORDRE, DÉGRADATIONS... CES DEUX JOURS ONT MARQUÉ UN TOURNANT DANS LE MOUVEMENT.
C'ÉTAIT UNE PURE EXPLOSION DE COLÈRE, AVEC PEU DE RÉFLEXION SUR LES OBJECTIFS.
DU COUP, ÇA LAISSE UN PEU UN GOÛT DE LOUPÉ, PARCE QU'ON S'EST RENDUS COMPTE APRÈS COUP QU'IL AURAIT ÉTÉ POSSIBLE DE RENTRER DANS L'ÉLYSÉE ET DE FAIRE DÉMISSIONNER MACRON !
C'EST POUR ÇA QU'IL Y A EU AUTANT DE BLESSÉS. LA RÉPONSE, CE N'ÉTAIT MÊME PLUS DU MAINTIEN DE L'ORDRE, C'ÉTAIT VRAIMENT POUR SAUVER « L'ÉTAT ».
ON VOIT BIEN COMMENT LA BOURGEOISIE A FLIPPÉ EN NOVEMBRE-DÉCEMBRE, JUSQU'À CE QUE LE GOUVERNEMENT LES RASSURE EN LEUR MONTRANT QU'IL SAVAIT « GÉRER ».
LA COCOTTE A DÉBORDÉ, ET IL N'Y A EU AUCUNE RÉPONSE À LA CRISE MORALE, EXISTENTIELLE ET POLITIQUE QUI A PROVOQUÉ ÇA.
2A
2A

À PARTIR DE CE MOMENT-LÀ, LE GOUVERNEMENT A OPTÉ POUR UNE STRATÉGIE DE PLUS EN PLUS RÉPRESSIVE POUR CONTENIR LA COLÈRE POPULAIRE.
TOUT LE MONDE DÉTESTE LA POLICE !
TOUT LE MONDE DÉTESTE LA POLICE !
QUAND TU CONSIDÈRES N'IMPORTE QUEL CITOYEN COMME UN ENNEMI POTENTIEL, ET QUE TU SURVEILLES TA POPULATION, TU NE LA PROTÈGES PAS.
CE QU'ON DÉTESTE, CE N'EST PAS LA POLICE. C'EST CE QU'ELLE EST EN TRAIN DE FAIRE.
TOUT LE MONDE...
POUR MOI, ON A RÉGRESSÉ MORALEMENT. LES GENS QUI SONT AUX MANETTES, ILS ONT UNE RESPONSABILITÉ ÉNORME SUR LE GLISSEMENT QUI S'EST PRODUIT.
CERTAINS FLICS, ON LES SENT TIRAILLÉS.
... DÉTESTE LA POLICE !
LE POLICIER, LE GENDARME, IL EST COMME NOUS. SAUF QU'IL EST DU CÔTÉ DE CELUI QUI OBÉIT À DES ORDRES.
NOUS, NOTRE AVANTAGE, C'EST QU'ON N'OBÉIT À AUCUNE AUTORITÉ CENTRALE. C'EST ÇA QUI LEUR FAIT PEUR.

Pour Benjamin, si le mouvement veut survivre, il doit passer par une forme de ***structuration***.
En théorie, il faudrait présenter une alternative ***politique***...
Au fond, tout le monde le sait...
Il essaye de s'investir dans le processus des ***assemblées*** (ADA), pour réfléchir à cette alternative politique ***apartisane*** et ***citoyenne***.
Tout le monde dans le mouvement ne s'y retrouve pas, mais il faut peut-être accepter que des ***têtes*** sortent.
Après, il faut mettre en place les outils pour que ce soit ***légitime***. Pour que ce ne soit pas une question de pouvoir personnel.
Nous, on veut pas faire de politique ! On est ***apolitiques*** !
Arrête tes conneries ! Depuis qu'on met notre ***gilet jaune*** et quon est en manif, on fait de la ***politique*** !
On demande pas la ***révolution*** ! On veut juste refaire les fondations, pour redonner la parole aux citoyens !
Mais c'est ***révolutionnaire***, ce que tu dis là ! C'est un programme ***politique*** !
Cette ***alternative***, je ne pense pas qu'on puisse l'obtenir uniquement en allant manifester le samedi.
Si on ne fait que ça, on grattera juste des ***miettes***.
Je ne veux pas des miettes. Moi, je veux le ***gâteau***.
Et le gâteau, c'est le ***système institutionnel***.

L'UNE DES CLÉS, C'EST DE VISER LES LÉGISLATIVES.
LES PRÉSIDENTIELLES, ON S'EN TAPE.
C'EST PAS UNE TÊTE QU'ON CHERCHE ! PARCE QUE DU COUP, ON FOCALISE SUR LE TRUC QUI EST JUSTEMENT LE PROBLÈME : LA PERSONNALISATION DU POUVOIR.
ON EST DANS UNE RÉPUBLIQUE BÂTARDE. J'AI L'IMPRESSION QU'ON ÉLIT UN ROI TOUS LES 5 ANS.
POUR MOI, ON ASSISTE JUSTE À L'AGONIE DE LA V^E RÉPUBLIQUE. EN MATIÈRE DE POLITIQUE, IL Y A UN DIVORCE ENTRE LES INSTITUTIONS ET LES CITOYENS. ELLES NE SONT PLUS ADAPTÉES À LA SOCIÉTÉ D'AUJOURD'HUI.
LES GENS SE SENTENT PRISONNIERS D'UN SYSTÈME. ILS EN TIRENT MOINS PROFIT QU'AVANT LA CRISE DE 2008, ET C'EST POUR ÇA QU'ILS SONT RÉVOLTÉS.
38
3C
IL SUFFIRAIT JUSTE QUE LE GOUVERNEMENT AUGMENTE LES SALAIRES, ET IL Y AURAIT BEAUCOUP MOINS DE CONTESTATION !
MAIS AVEC MACRON, ON EST EN PERMANENCE DANS UNE SÉQUENCE DE TENSION CONTINUE...
ON A AFFAIRE À DES FANATIQUES !
ILS NOUS IMPOSENT LEUR SYSTÈME DOMINANT EN S'APPUYANT SUR LES INSTITUTIONS DE LA V^E RÉPUBLIQUE ET DE L'UNION EUROPÉENNE.

Propos recueillis entre novembre 2018 et mai 2020

Je viens de la nuit où l'on souffre.
Comme un nu-pied contre l'absolutisme.
Comme un bonnet rouge qui affiche le code paysan.
Comme un sans-culotte dans la cour de la Bastille.
Comme un Haïtien face à l'armée de Bonaparte.

Je viens de la nuit où l'on souffre.
Comme un Canut qui tient un drapeau noir.
Comme un communard traqué dans une cave.
Comme un marin de Kronstadt qui fuit sur la glace.
Comme un anarchiste espagnol parqué sur une plage.

Je viens de la nuit où l'on souffre.
Comme un ouvrier qui occupe son usine.
Comme un Résistant dans les wagons de la mort.
Comme un prisonnier politique qui se mutine.
Comme un Gilet Jaune mutilé qui étouffe dans la brume.

Je viens de la nuit où l'on souffre.
Comme toutes les femmes qui décident de dire non.
Comme les victimes réduites à des statistiques.
Comme une combattante partie au Rojava libre.
Comme une femme qui veut chanter en Iran.

Je viens de la nuit où l'on souffre.
Je suis Jean Quetil. Je suis Sébastien Le Balp.
Je suis Thomas Sankara. Je suis Kendal Breizh.
Je suis Théroigne. Je suis Olympe. Je suis Louise Michel.
Je suis Danielle Casanova. Je suis Joanna Palani.

Je suis le peuple debout sur les barricades.
Je viens de la nuit où l'on souffre.

Benjamin
Avril 2021

BARBARA

« Toutes les luttes sont
en train de se rejoindre. »

* LE PRÉNOM A ÉTÉ CHANGÉ À SA DEMANDE

Barbara est née et a toujours vécu dans les Côtes d'Armor, près de sa famille et de ses racines.
Son père a fait toute sa carrière comme employé de la fonction publique.
Sa mère, femme au foyer, a dû travailler durant quelques années comme femme de ménage chez des particuliers.
Le parcours familial compliqué de Barbara ne lui a pas permis de poursuivre d'études supérieures, comme elle l'aurait souhaité.
J'ai échoué deux fois au Bac. J'ai retenté une troisième fois en candidate libre tout en travaillant. Je me levais à 5 h du matin pour aller travailler, et l'après-midi je bûchais mon Bac. Et je l'ai eu !
Je pensais reprendre mes études après, mais mes parents n'avaient pas les moyens de les financer.

Elle a commencé sa carrière comme vacataire dans la fonction publique, avant de l'interrompre quelques années plus tard, après son mariage, pour élever ses deux enfants.
Dans ma génération, les femmes arrêtaient de travailler quand elles devenaient mères...
Lorsqu'elle a voulu reprendre le travail, à l'adolescence de ses enfants...
CDD
afpa
anpe
... elle a alterné les périodes de chômage, de formation, et les emplois précaires...
... Avant de retrouver un emploi fixe dans la fonction publique.
A l'âge de 46 ans, victime d'un accident de la circulation dont elle ne s'est jamais vraiment remise physiquement, elle a été déclarée en invalidité.
Après plusieurs années de rééducation, elle a terminé sa carrière comme auxiliaire de vie scolaire dans des écoles primaires et maternelles.

Après mon accident, j'ai divorcé, et je n'ai pas eu de pension alimentaire...
La répercussion a été sans appel à l'âge de la retraite ! Alors j'ai dû continuer à travailler...
Ménages, gardes d'enfants... Pour compléter sa petite retraite, Barbara a cumulé les contrats précaires dans le secteur des services aux particuliers.
Tout ce qu'on me propose, ce sont des CDD ou des temps partiels !
Une heure par-ci, une heure par-là... On consomme du carburant !
Je vais garder des enfants à 7 h du matin, pendant une heure.
Allez, c'est l'heure d'aller à l'école !
L'après-midi, je fais des ménages...
... et le soir, je retourne garder des enfants...
Elle rentre bientôt, Maman ?

QUAND ON TRAVAILLE POUR DES PRESTATAIRES DE GARDE D'ENFANTS, ON EST RÉMUNÉRÉ À L'HEURE, DONC AUTOUR DE 8 EUROS NET.
ON A DES FRAIS DE DÉPLACEMENT QUE SI ON TRANSPORTE LES ENFANTS AVEC NOUS DANS LA VOITURE. HEUREUSEMENT, ON PEUT DÉDUIRE CES FRAIS KILOMÈTRIQUES DES IMPÔTS.
CHEZ LES PARTICULIERS, C'EST PAR CHÈQUE EMPLOI SERVICE. CE SONT DES REVENUS ALÉATOIRES. IL Y A UNE FORME D'**EXPLOITATION**.
J'AI FAIT JUSQU'À 44 HEURES PAR SEMAINE. J'AI TOUJOURS TROUVÉ DES HEURES TANT QUE JE VOULAIS, ET J'AI MÊME DÛ EN REFUSER. ÇA M'A DONNÉ UN PETIT REVENU SUPPLÉMENTAIRE, MAIS J'AI PAYÉ PLUS D'IMPÔTS...
LA ***FRACTURE SOCIALE*** ENTRE ELLE ET SES EMPLOYEURS, BARBARA L'A ENCORE PLUS RESSENTIE DURANT LE MOUVEMENT DES GILETS JAUNES...
JE TRAVAILLAIS BEAUCOUP CHEZ DES PROFESSIONS LIBÉRALES. ON SENTAIT DANS LES CONVERSATIONS DES ENFANTS LE REFLET DE L'OPINION DES PARENTS.
LES ***GILETS JAUNES***, ON LEUR A DONNÉ **PLEIN** D'ARGENT !
QU'EST-CE QU'ILS VEULENT DE PLUS ?
ILS NOUS EMPÊCHENT D'ALLER FAIRE NOS COURSES !
SAMEDI, ON N'A PAS PU ALLER ACHETER UN CADRE POUR METTRE MON DESSIN !
LES CITOYENS DANS LEUR ENSEMBLE SONT CONSCIENTS QU'IL Y A UN PROBLÈME SOCIAL, MAIS IL NE FAUT PAS LES DÉRANGER DANS LEUR PETIT QUOTIDIEN.

C'EST POUR FAIRE ENTENDRE LA VOIX DU « PETIT PEUPLE » DONT ELLE FAIT PARTIE, QUE BARBARA A ENFILÉ SON GILET JAUNE EN **NOVEMBRE 2018**.
ON A UN PRÉSIDENT QUI SE TARGUAIT D'ÊTRE JEUNE, NOVATEUR... MAIS EN FAIT, C'EST UN **FINANCIER**, MONSIEUR **MACRON** !
IL GOUVERNE LA FRANCE COMME IL AURAIT PU GÉRER UNE BANQUE OU UNE ENTREPRISE...
IL A AVANTAGÉ CEUX QUI AVAIENT LE PLUS D'ARGENT, ET QU'EST-CE QU'IL FAIT POUR LES AUTRES ? EH BIEN, IL NOUS **TAXE** !
DANS CE MOUVEMENT, IL Y A BEAUCOUP DE GENS QUI TRAVAILLENT, DES GENS QUI SONT PAYÉS 1200 EUROS, QUI FONT BEAUCOUP D'HEURES, QUI FONT BEAUCOUP DE TRANSPORT, ET AUXQUELS ON DEMANDE TOUJOURS DE FAIRE DES **SACRIFICES**....
PENDANT CE TEMPS-LÀ, AU NIVEAU DE L'**ÉTAT**, LES PARLEMENTAIRES ET LES MINISTRES SONT TOUJOURS TRÈS BIEN PAYÉS, DES **PATRONS** PARTENT AVEC DES PARACHUTES DORÉS, FERMENT DES USINES, LICENCIENT EN MASSE MALGRÉ DES BÉNÉFICES ÉNORMES.
LISE
QUI FAIT TOURNER LE PAYS DANS TOUS LES DOMAINES ?
CE SONT LES **SALARIÉS** DANS LES EHPAD, LES HÔPITAUX...
... LES USINES, LES BANQUES, LES GRANDES SURFACES, LES ENTREPRISES DE NETTOYAGE.
S'IL N'Y AVAIT PAS D'**EMPLOYÉS**, IL N'Y AURAIT PAS DE **PATRON**.
LE **PETIT PEUPLE**, IL SUFFIRAIT QU'IL ARRÊTE DE TRAVAILLER PENDANT 3 OU 4 JOURS, **QUI** PRENDRAIT LE RELAIS POUR SE LEVER À 5 H DU MATIN POUR FAIRE LE MÉNAGE ?

Barbara a plusieurs messages à faire passer à « Monsieur Macron ».
On ne veut pas vivre d'aides ! On veut vivre de notre travail ! On veut être payés plus pour pouvoir vivre et non survivre !
Les inégalités se creusent. Les riches deviennent de plus en plus riches, et nous, on gagne de moins en moins d'argent !
Mais je vous assure, ça va ruisseler ! Il faut juste être patients !
Et puis, je vous trouve un peu arrogant vis à vis des classes populaires...
Vous, Monsieur Macron, vous êtes un premier de la classe, et pas un premier de cordée, comme vous l'aviez promis !
Un premier de cordée, il soutient ceux qui sont derrière, pour ne pas qu'ils tombent, pour les mener au bon endroit...
Le premier de la classe, il ne se retourne pas sur ceux qui sont derrière... Pour lui, ça marche !
Je trouve ça triste d'en arriver là, mais vous avez menti au peuple !
C'est le peuple qui vous parle, c'est le peuple qui s'est manifesté ! Le peuple, c'est pas 20 % de gens riches !
Un peuple qui se révolte, il faut l'écouter.
Oui, Madame...

La dernière fois qu'elle avait manifesté, c'était en 1968. Elle a surtout participé à de petits rassemblements sur les ronds-points, dans une optique purement pacifiste, et n'approuvait pas les méthodes plus musclées de certains.
MACRON tu pousses un peu trop loin le Bouchon
MACRON tu sors ou je te sors !! Il va falloir prendre une décision !!!!
Rond-Point de Lanjouan 1er mai 2019, Lamballe
Certains Gilets Jaunes étaient extrêmement agressifs et revendicatifs.
Moi, je n'étais pas d'accord avec le fait de bloquer les gens.
Non, vous, je vous laisse pas passer !
Vous n'avez pas de ***gilet jaune*** sur le tableau de bord !
Mettez-le et vous pourrez ***passer*** !

Paris
1er décembre 2018
Les blocages et la violence ont fait le jeu du gouvernement.
Barbara
Allô, Barbara ? Ça va ?
Oui, j'ai vu ce qui s'est passé à Paris.
Quelle société peut pousser des gens à en arriver là ?
LES GILETS JAUN
TRIOMPHERON
BFM TV
VIOLENCES ET
Je me sens responsable du monde que ma génération a laissé derrière elle !
Je ne veux plus **rien** avoir affaire avec ce mouvement !

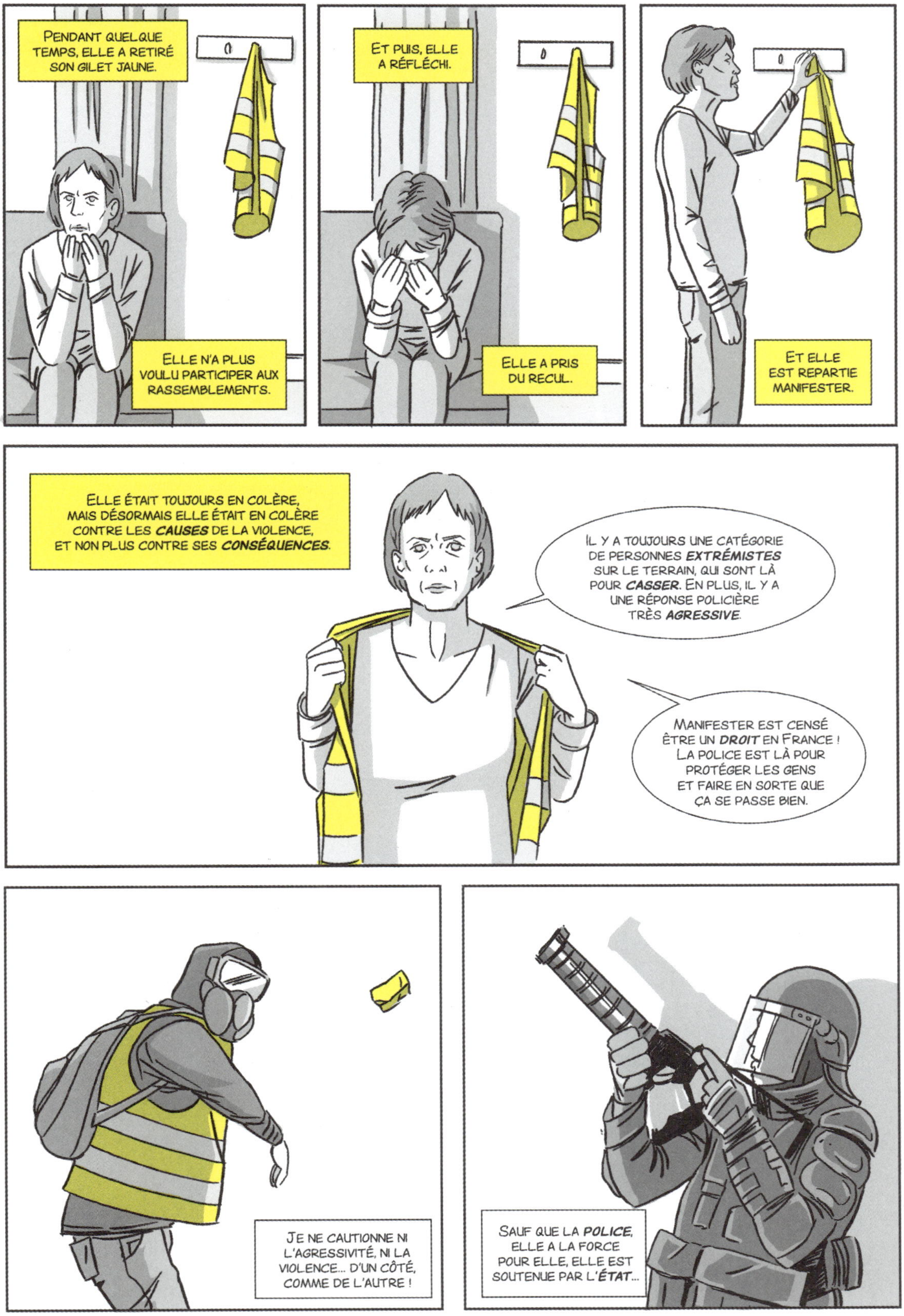
PENDANT QUELQUE TEMPS, ELLE A RETIRÉ SON GILET JAUNE.
ELLE N'A PLUS VOULU PARTICIPER AUX RASSEMBLEMENTS.
ET PUIS, ELLE A RÉFLÉCHI.
ELLE A PRIS DU RECUL.
ET ELLE EST REPARTIE MANIFESTER.
ELLE ÉTAIT TOUJOURS EN COLÈRE, MAIS DÉSORMAIS ELLE ÉTAIT EN COLÈRE CONTRE LES CAUSES DE LA VIOLENCE, ET NON PLUS CONTRE SES CONSÉQUENCES.
IL Y A TOUJOURS UNE CATÉGORIE DE PERSONNES EXTRÉMISTES SUR LE TERRAIN, QUI SONT LÀ POUR CASSER. EN PLUS, IL Y A UNE RÉPONSE POLICIÈRE TRÈS AGRESSIVE.
MANIFESTER EST CENSÉ ÊTRE UN DROIT EN FRANCE ! LA POLICE EST LÀ POUR PROTÉGER LES GENS ET FAIRE EN SORTE QUE ÇA SE PASSE BIEN.
JE NE CAUTIONNE NI L'AGRESSIVITÉ, NI LA VIOLENCE... D'UN CÔTÉ, COMME DE L'AUTRE !
SAUF QUE LA POLICE, ELLE A LA FORCE POUR ELLE, ELLE EST SOUTENUE PAR L'ÉTAT...

Barbara n'est pas engagée politiquement, mais elle a toujours voté. Ces dernières années elle se retrouve plutôt à gauche de l'échiquier politique.
Au premier tour de 2017, j'ai voté pour Mélenchon. Au second tour, j'ai voté contre Marine Le Pen !
Depuis des années, je vote contre celle ou celui que je ne veux pas. Désormais, mes choix politiques ont évolué, et peut-être que je voterai blanc ou nul !
Au premier tour des élections présidentielles de 2017, le candidat qui arrivait en tête après Emmanuel Macron, dans les Côtes d'Armor, était Jean-Luc Mélenchon. Marine Le Pen arrivait assez loin derrière, en quatrième position derrière François Fillon.
27,99 % Emmanuel Macron En Marche
20,27 % Jean-Luc Mélenchon La France Insoumise
18,38 % François Fillon Les Républicains
16,46 % Marine Le Pen Front National
Au second tour, les électeurs costarmoricains se sont largement mobilisés (80,77 % de taux de participation) pour élire Emmanuel Macron.
Une grande partie des votes constituait un barrage à Marine Le Pen, dont le parti réalise des scores plutôt minimes en Bretagne.
Présidentielle 2017
2ème tour
73,47 %
26,53 %

Propos recueillis entre novembre 2018 et juin 2020

Aujourd'hui, 2021
Déjà... 69 ans.
Deux grands enfants, deux petits-enfants,
Que depuis un an, je ne vois pas souvent :
Je n'oublierai pas, je n'oublierai rien.
À cause d'un « ridicule virus »,
Aux grands airs de mutant.
On ne le verra jamais,
On ne sait pas vraiment d'où il vient,
Mais il sert de prétexte à réduire nos libertés
Et engendrer l'animosité.

Demain, 2022, symbole du « monde d'Après »
Il faudra changer nos manières de nous comporter
Et penser aux générations futures :
Protéger, respecter la nature,
Arrêter de produire sans réfléchir,
Consommer sans gaspiller, de manière responsable,
Pour que chaque être humain où qu'il soit sur la terre,
Ne choisisse pas entre :
- manger à sa faim,
- ou protéger sa santé,
- ou se loger dignement.
Tout en travaillant.

En attendant, certains n'ont pas ce choix à faire,
Avec beaucoup d'argent, pas toujours acquis honnêtement.

Barbara
Mai 2021

MICHEL

« JE NE SUPPORTAIS PLUS
L'INJUSTICE NI L'INCAPACITÉ
DE CEUX QUI NOUS DIRIGENT
À S'OCCUPER DU PEUPLE. »

BOULANGER, PROPRIÉTAIRE DE BAR, OPÉRATEUR DANS L'AGROALIMENTAIRE… AVANT D'ENFILER SON GILET JAUNE, MICHEL A EU PLUSIEURS VIES. À 63 ANS, IL PROFITE DÉSORMAIS D'UNE RETRAITE BIEN MÉRITÉE.
MANIFESTANT ASSIDU TOUT AU LONG DU MOUVEMENT, IL M'A ACCUEILLIE DANS SON PETIT COIN DE PARADIS, AU MILIEU DE LA CAMPAGNE COSTARMORICAINE.

ORIGINAIRE DE PAIMPOL, MICHEL A HÉRITÉ DU CARACTÈRE FORT DE SA MÈRE ET DES GENS DU PAYS.
ON A GARDÉ L'ESPRIT DES PÊCHEURS D'ISLANDE.
ON ÉTAIT DES BÊTES DE SOMME. ON A ÉTÉ ÉLEVÉS À LA DURE.
SON PÈRE, ANCIEN MAQUISARD, ÉTAIT INSTRUCTEUR MENUISIER DANS LA MARINE MARCHANDE. SA MÈRE ÉTAIT FEMME AU FOYER.
MES PARENTS SE SONT SÉPARÉS LORSQUE J'AVAIS 8 ANS. C'EST ELLE QUI EST PARTIE.
MA MAMAN NOUS A ÉLEVÉS SEULE, MES DEUX FRÈRES ET MA SŒUR.
C'ÉTAIT LES ANNÉES 1960. LES FEMMES ÉTAIENT MONTRÉES DU DOIGT, QUAND ELLES ÉTAIENT DIVORCÉES.

À 15 ANS ET DEMI, J'AI ARRÊTÉ L'ÉCOLE. J'AI COMMENCÉ COMME BOULANGER, AVEC MON FRÈRE.
ON N'AVAIT PAS VRAIMENT LE CHOIX. MA MÈRE N'AVAIT PAS DE SOUS POUR FINANCER NOS ÉTUDES.
MICHEL A TRAVAILLÉ PENDANT 20 ANS COMME BOULANGER. IL A ÉTÉ SAISONNIER SUR LA CÔTE BRETONNE, MAIS ÉGALEMENT EN MONTAGNE, DANS LE SUD DE LA FRANCE ET À MONACO.
IL A AUSSI TENU UN BAR, PENDANT QUELQUES MOIS.
APRÈS LA NAISSANCE DE SON FILS, IL S'EST FIXÉ DANS LES CÔTES D'ARMOR.
LORSQU'IL S'EST SÉPARÉ DE SA COMPAGNE, VERS L'ÂGE DE 45 ANS, IL S'EST FAIT EMBAUCHER DANS UNE USINE AGROALIMENTAIRE DU COIN.

MICHEL Y A TRAVAILLÉ PENDANT PRÈS DE 20 ANS.
OUVRIER POLYVALENT, IL Y A OCCUPÉ DIFFÉRENTS POSTES.
AU FIL DES ANNÉES, IL A OBSERVÉ UNE DÉGRADATION DES CONDITIONS DE TRAVAIL
IL Y A 5-6 ANS, ILS ONT COMMENCÉ À TOUT DIVISER PAR DEUX.
ON ÉTAIT DIX SUR UNE LIGNE, ET À LA FIN, ON N'ÉTAIT PLUS QUE CINQ...
... MAIS ON DEVAIT FAIRE AUTANT DE TONNAGE !
LES CADENCES, C'ÉTAIT DEVENU LA CATA !!
MAIS IL EST PASSÉ OÙ, LE CÔTÉ HUMAIN ?

POUR RESPECTER LES CADENCES, LA CHEFFE DE LIGNE IMPOSAIT UNE DISCIPLINE DRASTIQUE SUR LA CHAÎNE.
ALORS CARO, ÇA S'EST BIEN PASSÉ, TON WEEK-END ?
TAIS-TOI, MICHEL, TU VAS ENCORE TE FAIRE ENGUEULER !
MICHEL !
ALLEZ, ON SE REMOBILISE ! ON PREND DU RETARD !
OH, ÇA VA ! ON PEUT PARLER ET BOSSER EN MÊME TEMPS !
TES JAMBONS, ILS SERONT FAITS QUAND MÊME !
LE CORPS SUBIT LUI AUSSI LES CADENCES SUR LA CHAÎNE.
ON MANIPULAIT 15 TONNES DE JAMBON TOUS LES JOURS ! LES JAMBONS FONT 15 KILOS !
J'AI ÉTÉ OPÉRÉ DES COUDES. J'AI MORFLÉ. ILS SONT FOUTUS. MES DOIGTS, J'AI DES CRAMPES, DES FOIS, ILS SE TORDENT.
ON EST USÉS.
DANS LE MOT « USINE », Y A USÉ !

Sentant le vent tourner, Michel s'était syndiqué, sans grande conviction.
J'ai pris la CGT, mais j'aurais pu tout aussi bien aller ailleurs.
Comme en politique, je ne suis ni de gauche, ni de droite. Je suis un humaniste, c'est tout.
De toute façon, les syndicats, ils ne servent plus à rien.
Ils ne sont bons qu'à vendre des chèques-vacances et des bons d'achat. Ils mangent dans la gamelle du patron !
Si Michel s'est engagé avec les Gilets Jaunes, c'était avant tout pour défendre la situation des ouvriers.
C'était un ras le bol spontané et solidaire ! La taxe pour le carburant, ça a été le côté déclencheur...
TÊTE D'ANCHOIS!!
MB
UN GILET Pour Vivre!
PAS POUR SURVIVRE!!
Je trouvais que l'équilibre n'y était plus. Voter n'a plus de sens. Ils sont tous pareils.
Je ne supportais plus l'injustice, et l'incapacité de ceux qui nous dirigent à s'occuper du peuple.
Avant les Gilets Jaunes, Michel avait juste manifesté une fois, lorsqu'il avait 15 ans, pendant le mouvement contre l'installation de la centrale nucléaire à Plogoff, dans le Finistère, dans les années 1970.
NON au nucléaire
combat pour LA VIE
On était jeunes, on était peace and love !

Michel a rejoint le mouvement début **décembre 2018**, au moment où les **Q.G.** ont fleuri dans les Côtes d'Armor et un peu partout ailleurs.
Je suis allé sur les ronds-points, mais aussi aux réunions. Il y avait une sacrée coordination à ce moment-là !
Q.G. des Gilets Jaunes
Lamballe, 2019
Au départ, on était là, tous ensemble, on partageait la saucisse. Chacun amenait des choses...
Il y avait de vraies valeurs, du soutien. Le noyau était sain.
Après, le noyau s'est effrité, il est devenu pourri. Ils s'engueulaient sur le rond-point !
RIC
RIC
RIC
Tu peux partir d'un noyau sain, et finir comme le gouvernement ! L'être humain est comme ça !

Plus à l'aise dans l'action et les manifestations, Michel ne s'est pas retrouvé dans la **structuration politique** du mouvement. Comme nombre d'autres gilets jaunes historiques, il a eu le sentiment que sa parole avait été confisquée par les personnes plus politisées investies dans les **Assemblées** (ADA).
2e Assemblée des Assemblées des gilets jaunes de France Saint-Nazaire, avril 2019
Avec les ADA, il y a eu de l'exclusion dès le départ ! Les gens n'arrivaient pas à suivre leurs réunions ! C'était trop compliqué...
Pour moi, ce genre de choses n'aboutit à rien.
C'est faire de la politique pour faire de la politique. On ne s'intéresse plus aux vraies valeurs du départ ! On ne parle plus du petit peuple...
Tout le monde a voulu s'approprier les Gilets Jaunes, que ce soit les syndicats ou les politiques.
Tout ça, c'est de la **manipulation** !
Pour moi, la convergence, ça n'a ni queue ni tête !

RIC
Lassé, Michel a rapidement choisi de limiter son implication aux seules manifestations, avec des amis gilets jaunes.
REPRENONS LE POUVOIR
Au début, dans les manifs, il y avait beaucoup de gens dans la misère.
Certains, j'avais envie de leur dire : t'as plus que 700 euros pour vivre ? Eh bien, bouge ton cul au lieu d'aller sur les ronds-points !
Moi, j'irais pas filer 3 euros à un mec qui fait la manche. Par contre, j'irais l'aider à trouver du boulot ! Je l'ai déjà fait !
C'est mon côté **Abbé Pierre**, une personne que je vénère...
Je suis pas pour la **charité** !
Y en a ras le bol de l'assistanat !
Tu te rends compte de l'argent que ça coûte ?

J'AIME PAS LES GENS QUI CAPITULENT. JE TIENS ÇA DE MA MÈRE.
ON A CHACUN SA CROIX DANS SA VIE. LA MIENNE, J'AI PLUS DE MAL QUE LES AUTRES À LA TRAÎNER, MAIS J'AURAI PLUS DE MÉRITE QUE LES AUTRES À Y ARRIVER !
C'EST PAS PARCE QUE T'AS VÉCU UNE VIE OU UNE ENFANCE DOULOUREUSE QUE TU DOIS ÊTRE ***FAIBLE*** !
ET L'AVENIR, TU LE VOIS COMMENT, MICHEL ?
TU PENSES QUE LE MOUVEMENT A CHANGÉ QUELQUE CHOSE, MALGRÉ TOUT ?

ÇA A FAIT BOUGER LA FOURMILIÈRE. ILS NE VONT PLUS POUVOIR FAIRE DE LA POLITIQUE COMME AVANT. ILS SONT OBLIGÉS DE REVOIR LEUR COPIE.
ON EST ARRIVÉS DANS UN SYSTÈME DE CONSOMMATION QUI NE TOURNE PLUS ROND.
ON PEUT TOUT AVOIR À MOINDRE PRIX, LES USINES PRODUISENT DE LA MERDE, ON BOUFFE PLUS QU'ON NE LE PEUT, ET ON EST DE PLUS EN PLUS NOMBREUX.
LA PROCHAINE CATASTROPHE PLANÉTAIRE, ELLE SERA *ÉCOLOGIQUE* ! LA NATURE, ELLE REPREND TOUJOURS SES DROITS !
LES AFRICAINS, POUR QUE LEURS CULTURES REPOUSSENT, ILS BRÛLENT TOUT. EH BIEN, POUR QUE LA VIE REPRENNE, IL FAUT PEUT-ÊTRE UNE *EXTINCTION*...
JE FINIS PAR ME DIRE : « QU'ILS CRÈVENT, TOUS ! »
C'EST VRAI, TU EN ES VRAIMENT ARRIVÉ À TE DIRE ÇA ?
NON, BIEN SÛR.
JE VEUX UN AVENIR, JE VEUX LE BONHEUR DE MON ENFANT, MAIS PAS L'AVENIR QUI VIENT...

Propos recueillis entre janvier 2019 et juillet 2020

GILLES

« Tout ce qu'on nous propose,
ce sont des boulots de merde,
des vies de merde,
des retraites de merde. »

GILLES A 59 ANS ET VIT DANS LES CÔTES D'ARMOR. CHAUFFEUR ROUTIER EN INVALIDITÉ, IL A ÉGALEMENT TRAVAILLÉ PENDANT PLUSIEURS ANNÉES DANS UNE EXPLOITATION AGRICOLE.
IL M'A RACONTÉ LES ALÉAS DE LA VIE, DE L'AMOUR, DU TRAVAIL, QUI FONT QU'AUJOURD'HUI, IL SE RETROUVE AVEC PAS GRAND-CHOSE POUR VIVRE.
IL S'EST REDÉCOUVERT, AVEC LE MOUVEMENT DES GILETS JAUNES, UNE CONSCIENCE POLITIQUE QU'IL AVAIT LONGTEMPS LAISSÉE EN SOMMEIL.

GILLES EST NÉ À CLAMART, UNE VILLE OUVRIÈRE DE LA BANLIEUE PARISIENNE LONGTEMPS RÉGIE PAR LE PARTI COMMUNISTE.
J'AI GRANDI EN CITÉ HLM, DANS LA « BANLIEUE ROUGE » !
TRÈS INFLUENT DANS LES BANLIEUES POPULAIRES DES ANNÉES 1960 ET 1970, LE PARTI COMMUNISTE A AMORCÉ SON LENT DÉCLIN À PARTIR DES ANNÉES 1980.
LE PÈRE DE GILLES ÉTAIT METTEUR EN PAGE DANS UNE IMPRIMERIE. SA MÈRE A FAIT TOUTE SA CARRIÈRE DANS LA TÉLÉPHONIE.
À L'ÉPOQUE, J'ÉTAIS EN DÉSACCORD AVEC MON PÈRE...
JE M'ENTENDAIS MIEUX AVEC MON ONCLE.
IL ÉTAIT TOURNEUR EN MÉTALLURGIE. C'ÉTAIT UNE TÊTE DE BOIS !
SOUS L'IMPULSION DE SON ONCLE, MILITANT COMMUNISTE ET CGTISTE, GILLES A REJOINT LE MOUVEMENT DES JEUNES COMMUNISTES DE FRANCE (MJCF) À L'ÂGE DE 14 ANS.

ON COLLAIT DES AFFICHES POUR GEORGES MARCHAIS.
V. GISCARD D'ESTAING
À CETTE ÉPOQUE-LÀ, COLLER DES AFFICHES LA NUIT, C'ÉTAIT UN PEU RISQUÉ !
CE QU'IL VOUS CACHE
ÇA NOUS COÛTE COMBIEN?
HÉ ! LES « COCOS » !
AVEC CEUX QUI COLLAIENT POUR GISCARD D'ESTAING, ON SE METTAIT SUR LA GUEULE !
L'EXTRÊME-DROITE PASSAIT, ET ILS RECOLLAIENT PAR-DESSUS !
S'ILS TOMBAIENT SUR TOI PENDANT QUE TU COLLAIS, ILS TE MATRAQUAIENT !
JE VEUX ÊTRE MÉCANICIEN MOTO !
NE RECOMMENCE PAS AVEC ÇA ! C'EST TROP LOIN ! TU IRAS À L'ÉCOLE D'À CÔTÉ, COMME ON AVAIT DIT !
ORIENTÉ CONTRE SON GRÉ VERS UN CAP EN MÉCANIQUE GÉNÉRALE, GILLES S'EST DÉMOTIVÉ RAPIDEMENT...
... ET A FINI PAR ARRÊTER SA SCOLARITÉ À 16 ANS.
C'EST LÀ QUE J'AI COMMENCÉ À DÉCONNER...

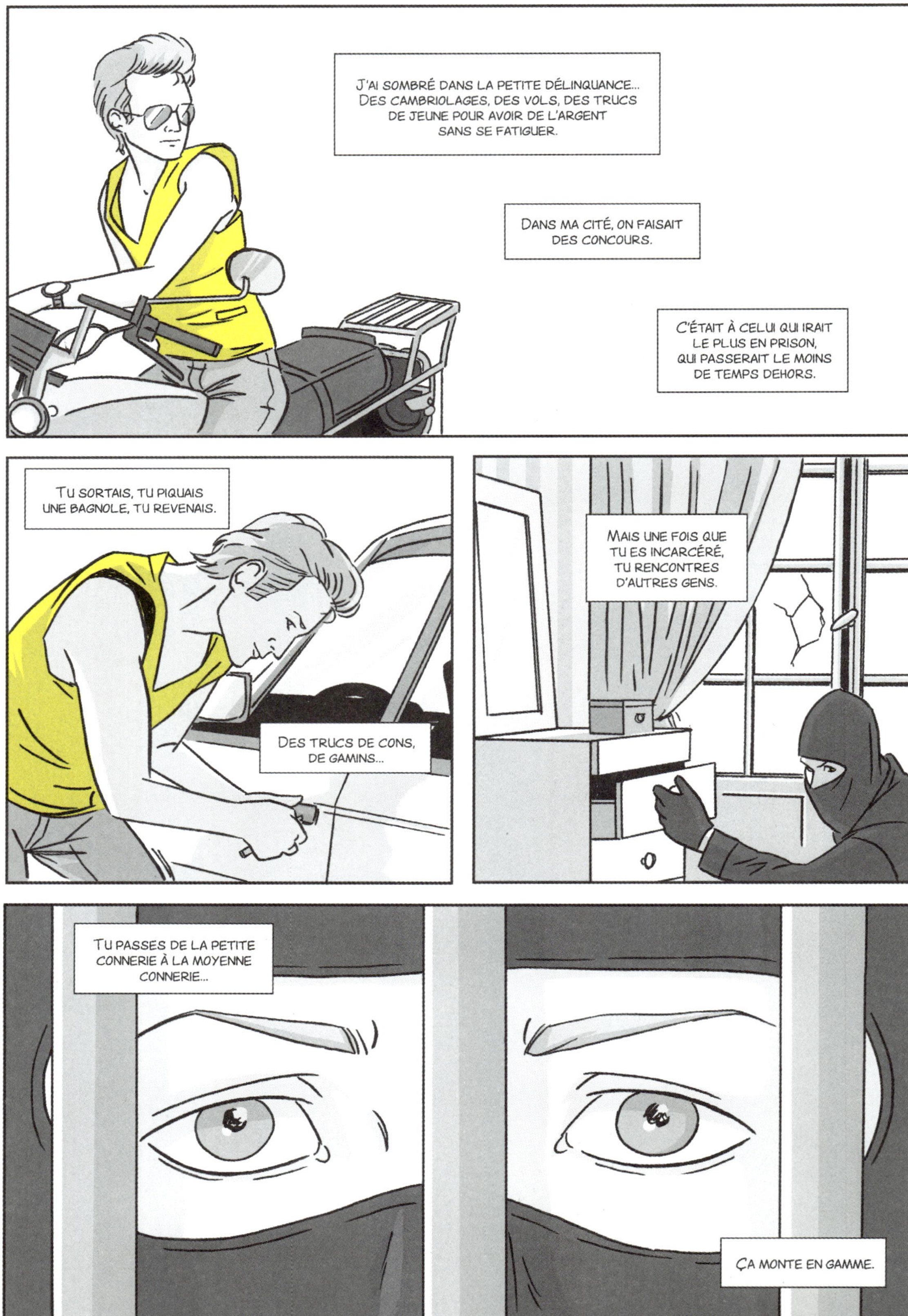
J'AI SOMBRÉ DANS LA PETITE DÉLINQUANCE… DES CAMBRIOLAGES, DES VOLS, DES TRUCS DE JEUNE POUR AVOIR DE L'ARGENT SANS SE FATIGUER.
DANS MA CITÉ, ON FAISAIT DES CONCOURS.
C'ÉTAIT À CELUI QUI IRAIT LE PLUS EN PRISON, QUI PASSERAIT LE MOINS DE TEMPS DEHORS.
TU SORTAIS, TU PIQUAIS UNE BAGNOLE, TU REVENAIS.
DES TRUCS DE CONS, DE GAMINS…
MAIS UNE FOIS QUE TU ES INCARCÉRÉ, TU RENCONTRES D'AUTRES GENS.
TU PASSES DE LA PETITE CONNERIE À LA MOYENNE CONNERIE…
ÇA MONTE EN GAMME.

J'AI PAYÉ TOUTES MES DETTES À LA SOCIÉTÉ, ET QUAND JE SUIS SORTI, J'AVAIS PLUS LE DROIT DE VOTER.
DU COUP, J'AI LAISSÉ TOMBER LA POLITIQUE.
JE PRENAIS PAS LE BON FILON.
ALORS, JE ME SUIS BARRÉ DE PARIS POUR ALLER EN BRETAGNE.
J'AI COMMENCÉ À BOSSER À KERMENÉ, À CHARGER LES QUARTIERS DE VIANDE.
KERMENÉ EST UN GROUPE D'ABATTAGE ET DE TRANSFORMATION DE VIANDE, L'UN DES PLUS GRANDS EN EUROPE. IL EST LE FOURNISSEUR DES MAGASINS LECLERC À L'ÉCHELLE NATIONALE.
BASÉ SUR SIX SITES DIFFÉRENTS EN BRETAGNE, C'EST L'UN DES PRINCIPAUX EMPLOYEURS DES CÔTES D'ARMOR, OÙ IL DISPOSE DE QUATRE SITES.

ET PUIS, COMME J'EN CHIAIS VRAIMENT ET QUE JE SUIS PAS NON PLUS BATMAN, J'AI PASSÉ LE PERMIS POIDS-LOURD.
J'AVAIS UN RYTHME DE VIE PÉPÈRE. MON PETIT BOULOT, MON PETIT CAMION, MA PAYE À LA FIN DU MOIS...
PAR CONTRE, J'AVAIS PAS DE VIE DE FAMILLE, MÊME LORSQUE J'ÉTAIS EN COUPLE.
GILLES EST LE PÈRE DE QUATRE ENFANTS, NÉS DE DEUX UNIONS. SES DEUX AÎNÉS ONT ÉTÉ CONFIÉS À SA PREMIÈRE COMPAGNE À LEUR SÉPARATION.
SUITE AU DÉPART DU DOMICILE CONJUGAL DE SA DEUXIÈME COMPAGNE, IL A DEMANDÉ À AVOIR LA GARDE DE SES DEUX PLUS JEUNES ENFANTS.
LA JUSTICE M'A DIT : UN HOMME, C'EST FAIT POUR ALLER AU BOULOT, ET NOUS, ON S'OCCUPE DU RESTE.
ILS SE SONT RETROUVÉS EN FAMILLE D'ACCUEIL.
JE ME SUIS MIS À PICOLER, ET MON EMPLOYEUR M'A MIS EN INVALIDITÉ.
ÇA A ÉTÉ DIFFICILE, MAIS, AU BOUT DE 4-5 ANS, J'AI RÉUSSI À RÉCUPÉRER MES ENFANTS. ET JE FAIS COMME JE PEUX POUR LES ÉLEVER.

UNE FOIS SORTI DE SA DÉPRESSION, LES CHOSES NE SE SONT PAS PASSÉES COMME PRÉVU AVEC SON EMPLOYEUR. GILLES EST ACTUELLEMENT TOUJOURS EN **INVALIDITÉ**.
PENDANT 8 ANS, IL A ENSUITE TRAVAILLÉ DANS L'EXPLOITATION DE SA NOUVELLE COMPAGNE AGRICULTRICE.
À LEUR SÉPARATION, IL S'EST RETROUVÉ SANS RIEN, CAR TOUT ÉTAIT AU NOM DE SON EX-CONJOINTE.
J'AI TOUT LE TEMPS BOSSÉ, J'AI TOUT LE TEMPS DONNÉ, ET AUJOURD'HUI, J'AI PLUS RIEN.
JE GAGNE 800 EUROS PAR MOIS. JE PAYE 400 EUROS DE LOYER. J'AI 100 EUROS D'APL.
ICI, AVEC CE QUE J'AI, JE PEUX ME PAYER UN TOIT, ME PAYER MON CHAUFFAGE, MON ESSENCE... MAIS DANS UNE GRANDE VILLE, JE NE POURRAIS PAS !
DURANT 4 ANS, GILLES S'EST ENSUITE OCCUPÉ DE SA MÈRE ÂGÉE, EN REMPLACEMENT DES AIDES SOIGNANTES, LE WEEK-END, LES JOURS FÉRIÉS, ET LE SOIR.
AVANT DE LUI TROUVER UNE PLACE EN EHPAD, À CÔTÉ DE CHEZ LUI.
REVENUE VIVRE DANS SA BRETAGNE D'ORIGINE À SA RETRAITE, ELLE FINANCE ELLE-MÊME LE LOYER DE SA CHAMBRE.

Indigné par les injustices sociales que sa situation a révélées, Gilles s'est remis à militer politiquement, en rejoignant la **France Insoumise** au moment de la campagne présidentielle de 2016.
Je me suis dit : j'arrête de ne penser qu'à **moi** !
Ma mère, elle a travaillé toute sa vie, pour avoir une vieillesse et une retraite de **merde** !
En fait, c'est tout ce qu'on nous propose : des boulots de **merde**, des vies de **merde**, des retraites de **merde** !

C'est cette même **indignation** qui l'a poussé à enfiler son **gilet jaune** en novembre 2018.
Moi j'étais là pour le **prolétaire**, celui qui n'a pas de sou, celui qui a faim !
On est 9 millions de pauvres, on devrait être 9 millions dans la rue !
Mon Nom est PERSONNE
Les Riens Sont Dans La RUE
RIC RIC
Le pouvoir d'achat, les taxes, le retrait de l'ISF, les vieux, la précarité, les EHPAD... C'est tout ça qui m'a fait m'engager dans ce mouvement.
J'ai toujours été un peu **révolutionnaire**. Y en a marre de tous ces emmanchés pleins de pognons qui nous regardent de haut...

Rassemblement de l'aire de Carmoran
Plestan, Côtes d'Armor
17 novembre 2018
Dès le **17 novembre 2018**, Gilles a participé au rassemblement de l'aire de **Plestan,** point de départ d'une opération escargot sur la RN12 (reliant Brest et Rennes), puis du blocage de la zone commerciale de **Langueux**.

AU DÉBUT DU MOUVEMENT, GILLES A SURTOUT PARTICIPÉ À DES RASSEMBLEMENTS SUR LE ROND-POINT DE **LAMBALLE**.
Breizh Team
Mon nom est
SUR LES RONDS-POINTS, J'AI TROUVÉ DES GENS QUI SE POSAIENT DES QUESTIONS, QUI VOULAIENT BOUGER...
JE ME SUIS RETROUVÉ DANS MON ÉLÉMENT, AVEC DES GENS DE MA GÉNÉRATION ET DE MA CLASSE SOCIALE.
MACRON T'es Foutu On a Traversé Gilles Est... MAFIA BRETON
GILLES Y A RETROUVÉ UN CONTACT HUMAIN QUI LUI MANQUAIT, FACE À UN MONDE DE PLUS EN PLUS VIRTUEL, QUI NE LUI PARLE PLUS.
UN TRUC M'A GÊNÉ PAR CONTRE CHEZ CERTAINS GILETS JAUNES, C'EST LEUR RACISME.
MAIS CES GENS-LÀ, JE LES METS DE CÔTÉ, JE ME DIS QU'ON NE MARCHERA PAS SUR LE MÊME CHEMIN...
APRÈS LA FIN DU **Q.G.** EN **FÉVRIER 2019**, IL S'EST PLUTÔT CONCENTRÉ SUR LES GRANDES MANIFESTATIONS RÉGIONALES ET NATIONALES.
MANIFESTATION CONTRE LA RÉFORME DES RETRAITES
SAINT-BRIEUC, 17 DÉCEMBRE 2019
CE N'EST PAS EN FAISANT LE GUIGNOL SUR LE ROND-POINT QU'ON VA CHANGER LE SYSTÈME...
MANIFESTER PACIFIQUEMENT, DE NOS JOURS, ÇA NE MÈNE PLUS À ***RIEN***.

TOUTE MANIF FAITE PAR LE PASSÉ A DÉMONTRÉ QUE SI TU **CASSES** PAS, T'AS **RIEN**.
CASSER DU MATÉRIEL PUBLIC, JE NE SUIS PAS POUR EN THÉORIE... MAIS IL FAUT MALHEUREUSEMENT EN ARRIVER LÀ POUR SE FAIRE ENTENDRE...
TU PENSES QUE C'EST LA SEULE FAÇON DE FAIRE AVANCER LES CHOSES DANS LA CONJONCTURE ACTUELLE ?
C'EST TOUJOURS L'**OPPRESSEUR**, NON L'**OPPRIMÉ** QUI DÉTERMINE LA FORME DE LUTTE.
SI L'OPPRESSEUR UTILISE LA **VIOLENCE**, L'OPPRIMÉ N'AURA PAS D'AUTRE CHOIX QUE DE RÉPONDRE PAR LA **VIOLENCE**.
C'EST **MANDELA** QUI LE DIT !
SI ON VEUT DE LA **NON-VIOLENCE**, ON PEUT Y ARRIVER, MAIS À CE MOMENT-LÀ, IL FAUT **BLOQUER** L'ÉCONOMIE !
SI ON ÉTAIT TOUS **SOLIDAIRES**, POUR NE PAS ALLER AU BOULOT PENDANT UNE SEMAINE, T'INQUIÈTE QUE ÇA BOUGERAIT !
LA **GRÈVE GÉNÉRALE**, TOUT LE MONDE Y A CRU AU MOMENT DE LA MOBILISATION CONTRE LA **RÉFORME DES RETRAITES** EN **DÉCEMBRE 2019**. MAIS LA **CONVERGENCE** TANT ATTENDUE, ENTRE LES GILETS JAUNES, LES SYNDICATS ET LES MOUVEMENTS ASSOCIATIFS ET POLITIQUES, N'A PAS ÉTÉ SIMPLE. DANS LES CÔTES D'ARMOR, LES GILETS JAUNES ONT DÛ SE BATTRE POUR AVOIR LE DROIT DE DÉFILER DANS LE CORTÈGE DE TÊTE AVEC LES SYNDICATS.
REFORME DES RETRAITES MACRON-DELEVOYE
F.S.U.
Solidaires
REPRENONS LE POUVOIR
LA **CGT**, ILS S'APPROPRIENT DES MANIFS QUI NE SONT PAS À EUX ! DEPUIS LE TEMPS QU'ON EST SUR LE TERRAIN, ON A LE DROIT DE PARTICIPER QUAND MÊME !

Aujourdh'ui, tout le monde abandonne un peu le mouvement... Même les irréductibles ! Moi, j'y vais pour croire encore à quelque chose, pour montrer qu'on est toujours là.
Quand je me suis lancé là-dedans, je me suis dit : cette fois-ci, c'est **bon** ! Et puis en fin de compte, non. Je veux pas croire que c'est foutu, je me dis qu'il y a toujours un petit espoir... Mais pour moi, une page s'est tournée.
REPRENONS LE POUVOIR
Manifestation régionale
Saint-Brieuc, 25 janvier 2020
Ce qui a **tué** le mouvement, c'est un manque de **maturité**... et trop de **dispersion**.
Au bout d'un moment, on ne savait même plus pourquoi on manifestait ! On a défilé pour les femmes, les violences policières... mais le **frigo**, lui, il était toujours **vide** !
On n'arrive pas en politique comme ça, il faut de l'**organisation** et de la **structuration**.
Quand tu vois qu'on n'était même pas foutus de se mettre d'accord les uns avec les autres !
Lors des réunions internes, les débats étaient souvent houleux. Le rejet de toute **représentativité** ou **structuration** était bien présent.
Pour qui tu te prends, on fera ce qu'on veut ! On n'a pas besoin de **leader** !
Mais il faut qu'on s'organise, sinon on n'arrivera à **rien** !
La pensée du Gilet Jaune, c'est d'être maître de soi-même... Tu penses ce que tu veux, tu dis ce que tu veux !
Dès que tu leur parles de **cadre**, ça n'entre plus dans cette pensée !

SELON GILLES, LA MÉDIATISATION A AUSSI BEAUCOUP NUIT AU MOUVEMENT.
ILS ONT TOUS PRIS GOÛT AUX CAMÉRAS !
MÊME SI TU ES PROLÉTAIRE ET OUVRIER, QUAND TU COMMENCES À GRIMPER LES ÉCHELONS, TU DEVIENS CON.
MALGRÉ TOUT, LE MOUVEMENT A TOTALEMENT CHAMBOULÉ SA VISION DU MONDE ET SON EXISTENCE.
J'AI FAIT DE BELLES RENCONTRES, JE ME SUIS INTÉRESSÉ À DES CHOSES AUXQUELLES JE NE ME SERAIS PAS INTÉRESSÉ SINON...
GRÂCE AUX GILETS JAUNES, JE SUIS DEVENU UN PEU MOINS CON.
ÇA M'A DONNÉ ENVIE DE RATTRAPER TOUT CE QUE J'AI PAS APPRIS QUAND J'ÉTAIS JEUNE...
À L'ÉCOLE, TU SUIS, C'EST BON, TU SUIS PAS, TU RESTES DERRIÈRE ! TU NAIS CON, TU VIS CON, ET TU MEURS CON... PARCE QUE T'AS JAMAIS EU LA CHANCE D'ÉVOLUER.
C'EST VRAIMENT UN HANDICAP !
QUAND ON SE RETROUVE AVEC DES GENS QUI CAUSENT MIEUX QUE NOUS, ON SE SENT RIDICULISÉ. PARCE QU'ON A DU MAL À COMPRENDRE.
POUR LES DEMANDES ADMINISTRATIVES, C'EST PAREIL. SI TU SAIS PAS QUOI RÉPONDRE, PARCE QUE T'AS PAS APPRIS À BIEN PARLER FRANÇAIS... TU PASSES POUR UN CON.

Propos recueillis entre février 2019 et juillet 2020

BRIS

« J'AIMERAIS QUE LA DOMINATION
DE L'HOMME PAR L'HOMME
N'EXISTE PLUS. »

* PRÉNOM CHANGÉ À SA DEMANDE

NÉ À **PARIS** À L'AUBE DE LA SECONDE GUERRE MONDIALE, BRIS N'A JAMAIS CONNU SON PÈRE.
SA MÈRE L'A ÉLEVÉ SEULE, EN SUBSISTANT COMME FEMME DE MÉNAGE POUR DES FAMILLES BOURGEOISES.
ELLE FAISAIT PARTIE DES NOMBREUX IMMIGRÉS BRETONS QUI AFFLUAIENT ALORS DANS LA CAPITALE, FUYANT LA MISÈRE DE LEUR RÉGION NATALE.
LOCATAIRE D'UNE MODESTE CHAMBRE DE BONNE...
... ELLE A FINI PAR CONTRACTER LA **TUBERCULOSE**.
LE TEMPS DE SA CONVALESCENCE, ELLE A DÛ SE RÉSIGNER À CONFIER BRIS À SA GRAND-TANTE DANS LES **CÔTES D'ARMOR**, DURANT PLUSIEURS ANNÉES.

BÂTARD !
BÂTARD !
AVOIR UNE MÈRE CÉLIBATAIRE, CE N'ÉTAIT PAS VRAIMENT BIEN VU À L'ÉPOQUE, SURTOUT EN MILIEU RURAL.
NE LES ÉCOUTE PAS. CHEZ CES GENS-LÀ, ON NE PENSE PAS.
CONFRONTÉ TRÈS TÔT À LA BÊTISE HUMAINE, CELA A NOURRI SON ÂME D'ARTISTE. LA CHANSON A FINI PAR DEVENIR SON REFUGE.
APRÈS SON CERTIFICAT D'ÉTUDES, BRIS EST REPARTI POUR PARIS.
LÀ-BAS, IL A TRAVAILLÉ QUELQUE TEMPS DANS UN RESTAURANT, OÙ IL A CÔTOYÉ DES PERSONNALITÉS DE L'ÉPOQUE.
QU'EST-CE QUE JE VOUS SERS, AUJOURD'HUI, MONSIEUR VENTURA ?
LORSQU'IL A ATTEINT L'ÂGE D'EFFECTUER SON SERVICE MILITAIRE, IL S'EST RETROUVÉ MOBILISÉ EN PLEINE GUERRE D'ALGÉRIE. IL EN EST REVENU PLUS PACIFISTE QUE JAMAIS.

À SON RETOUR À PARIS, IL A FONDÉ UNE FAMILLE ET S'EST RECONVERTI COMME PEINTRE EN BÂTIMENT.
IL S'EST LANCÉ DURANT QUELQUES ANNÉES COMME ARTISAN, MAIS N'AYANT PAS L'ÂME D'UN PATRON, IL A PRÉFÉRÉ TERMINER SA CARRIÈRE EN TANT QUE SALARIÉ.
À LA RETRAITE, SÉPARÉ DE LA MÈRE DE SES ENFANTS, IL EST RETOURNÉ VIVRE DANS LES CÔTES D'ARMOR, OÙ IL A ACHETÉ UNE PETITE MAISON EN BORD DE MER. AU PLUS PRÈS DE SES RACINES.
IL VIT SIMPLEMENT, AU RYTHME DES MARÉES, SANS TÉLÉVISION NI ORDINATEUR.
IL A PASSÉ UNE PARTIE DE SA RETRAITE À EFFECTUER DES TRAVAUX DE RÉNOVATION DANS SA MAISON...
... JUSQU'À CE QUE SON CORPS LE LÂCHE PETIT À PETIT.

LE **24 NOVEMBRE 2018**, IL A ENFILÉ SON GILET JAUNE POUR LA PREMIÈRE FOIS.
JE NE SUIS PAS DU GENRE À MANIFESTER POUR RIEN.
MAIS LÀ, NOUS SOMMES TOUS TELLEMENT BLOUSÉS, CONFRONTÉS À DES ***MENSONGES*** !
LE ***JAUNE*** EST LA COULEUR DE LA **TRAHISON**. NOS CHERS POLITIQUES NOUS ONT ***TRAHIS*** !
AVEC CE DERNIER GOUVERNEMENT, ÇA A ÉTÉ LE COMBLE DU ***COCUFIAGE***...
BRIS A SURTOUT PARTICIPÉ À DE PETITS RASSEMBLEMENTS PACIFIQUES. IL N'ÉTAIT PAS TOUJOURS EN ACCORD AVEC LA MÉTHODE EMPLOYÉE PAR CERTAINS MANIFESTANTS, NOTAMMENT LES ***BLOCAGES ROUTIERS***.
ON PEUT PASSER, S'IL-VOUS-PLAÎT ?
ON A VRAIMENT BESOIN DE FAIRE LE ***PLEIN*** !
MAIS OUI, BIEN SÛR, ALLEZ-Y !
MAIS ENFIN, ***POURQUOI*** TU LES AS LAISSÉS PASSER ?!
SI ON LES ***BLOQUE***, ON VA SE METTRE TOUS CES GENS ***À DOS*** !
MAIS, SI ON BLOQUE PAS, ON N'ARRIVERA JAMAIS À ***RIEN*** !
SI T'ES PAS PRÊT À ALLER JUSQU'AU BOUT, C'EST PAS LA PEINE DE RESTER !

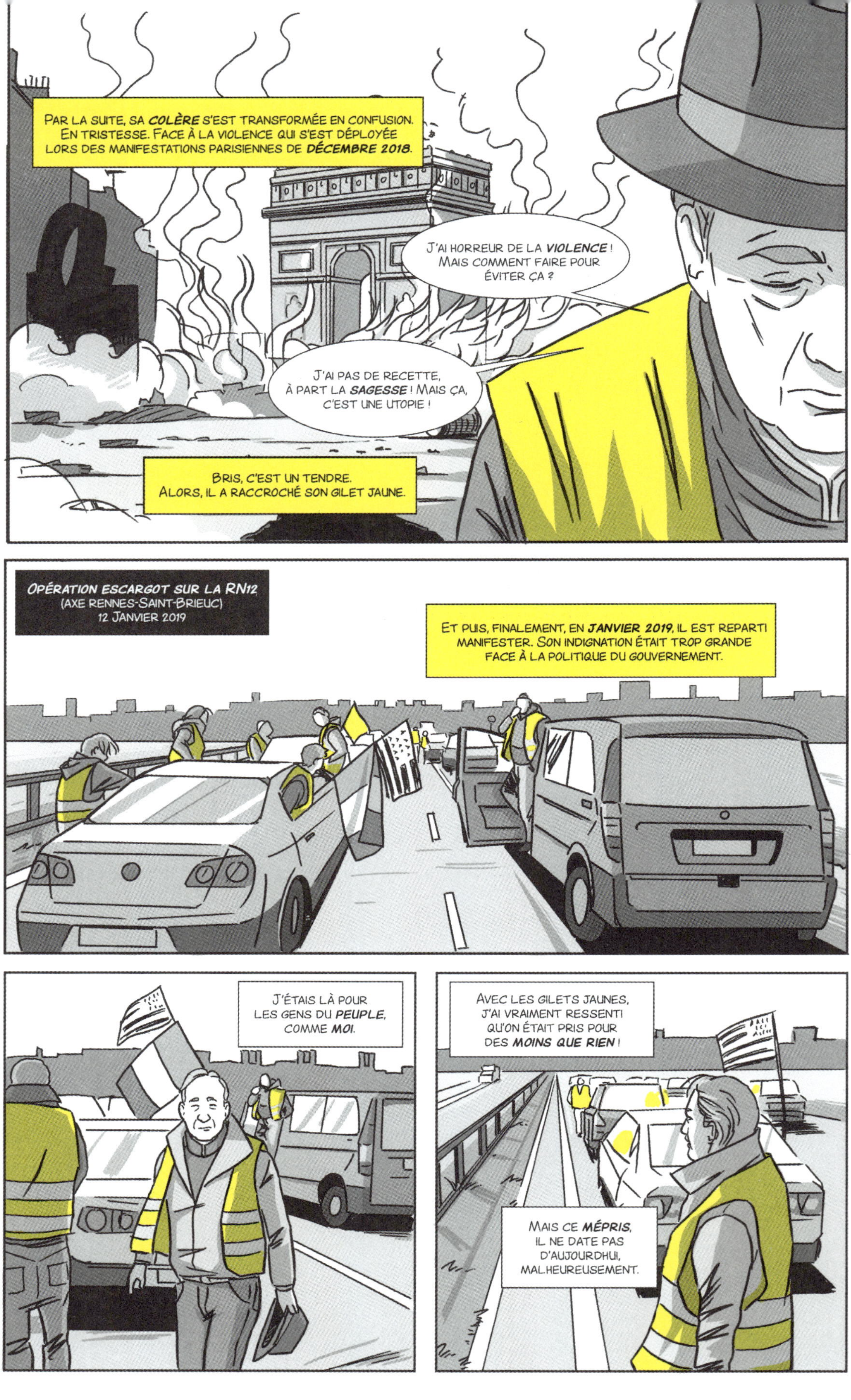
PAR LA SUITE, SA COLÈRE S'EST TRANSFORMÉE EN CONFUSION. EN TRISTESSE. FACE À LA VIOLENCE QUI S'EST DÉPLOYÉE LORS DES MANIFESTATIONS PARISIENNES DE DÉCEMBRE 2018.
J'AI HORREUR DE LA VIOLENCE ! MAIS COMMENT FAIRE POUR ÉVITER ÇA ?
J'AI PAS DE RECETTE, À PART LA SAGESSE ! MAIS ÇA, C'EST UNE UTOPIE !
BRIS, C'EST UN TENDRE. ALORS, IL A RACCROCHÉ SON GILET JAUNE.
OPÉRATION ESCARGOT SUR LA RN12 (AXE RENNES-SAINT-BRIEUC) 12 JANVIER 2019
ET PUIS, FINALEMENT, EN JANVIER 2019, IL EST REPARTI MANIFESTER. SON INDIGNATION ÉTAIT TROP GRANDE FACE À LA POLITIQUE DU GOUVERNEMENT.
J'ÉTAIS LÀ POUR LES GENS DU PEUPLE, COMME MOI.
AVEC LES GILETS JAUNES, J'AI VRAIMENT RESSENTI QU'ON ÉTAIT PRIS POUR DES MOINS QUE RIEN !
MAIS CE MÉPRIS, IL NE DATE PAS D'AUJOURD'HUI, MALHEUREUSEMENT.

PETIT FLORILÈGE DE COMMENTAIRES RELEVÉS DANS MON ENTOURAGE DEPUIS NOVEMBRE 2018

Ce mépris social a été particulièrement violent dans l'espace médiatique.
Ces gens-là, on a envie de leur tendre la main, de leur parler. Ils ne vivent pas comme nous.
Franz-Olivier Giesbert
Journaliste, éditorialiste
BFM TV, 17 novembre 2018
Certains commentateurs ont pu faire la démonstration de leur totale déconnexion face à cette France populaire et rurale.
Beaucoup de gilets jaunes sont des gens qui regardent la télé, parce qu'ils n'ont pas beaucoup d'autres distractions dans la vie.
Pour mettre fin au conflit, je propose de supprimer la redevance télé !
Christophe Barbier
Éditorialiste
C dans l'Air, France 5
30 novembre 2018
Ils ont le droit de manifester malheureusement, même s'ils sont cons !
Si on faisait des tests de Q.I. à l'entrée des manifestations, y aurait pas grand monde !
Gaspard Gantzer
Homme Politique (LREM)
BFM TV, 18 février 2019

JE DÉSESPÈRE UN PEU DE L'ÊTRE HUMAIN.
C'EST TOUJOURS LA MÊME RÉPÉTITION, LA MÊME **BÊTISE**.
RIEN N'A CHANGÉ DEPUIS DES MILLÉNAIRES.
L'HUMAIN S'AUTO-DÉTRUIRA, COMME LES **DINOSAURES** !
J'AIMERAIS QUE LA **DOMINATION** DE L'HOMME PAR L'HOMME N'EXISTE PLUS, MAIS C'EST DE L'**UTOPIE**.
J'AI PAS BEAUCOUP D'ESPOIR QUE ÇA CHANGE.

PROPOS RECUEILLIS ENTRE NOVEMBRE 2018 ET JUILLET 2020

Et nous voilà partis
Sur un chemin mouvant
Mais quel est donc ce monstre
Qui nous vide du dedans ?

Il nous brise, nous insulte,
Nous méprise, nous répand
Inculte de nos cœurs
Nous fait veules répugnants.
Oui mais, bien plus encore
Et tel est mon tourment
Il nous fait nous haïr
Et verser notre sang.

Mais de quoi, me demandez-vous,
Parles-tu innocent ?
De ma propre bêtise,
N'en doutez un instant !
Mais, bien que tant de rêves
Aillent économisant,
Ils n'empêcheront le mien
De dire merde à l'argent.

Bris

MATHIEU

« Quand on est enfant,
on nous apprend que
c'est le peuple qui décide...
Mais ce sont des conneries !
On ne décide de rien, en vrai ! »

FACE AUX PROFONDES CRISES ÉCOLOGIQUE, ÉCONOMIQUE ET DÉMOCRATIQUE QUE CONNAÎT NOTRE SOCIÉTÉ, CERTAINS ONT DÉCIDÉ DE CONSTRUIRE EUX-MÊMES LEUR ALTERNATIVE.
PLOMBIER ÉLECTRICIEN AUTOENTREPRENEUR, MATHIEU A 40 ANS ET S'EST INVESTI DANS UN GROUPE DE GILETS JAUNES QUI S'EST FORMÉ À ROSTRENEN, DANS LE CENTRE-BRETAGNE. IL FAIT PARTIE DES PERSONNES CONSCIENTISÉES DE L'ÉCOLOGIE SOLIDAIRE ET DÉCROISSANTE QUI ONT REJOINT LE MOUVEMENT.
POUR LUI, LA FIN DU MONDE ET LA FIN DU MOIS FONT PARTIE DU MÊME COMBAT.

INSTALLÉ DANS UNE PETITE COMMUNE DU CENTRE-BRETAGNE DEPUIS 8 ANS, SUITE À UN DÉCLIC EXISTENTIEL SURVENU AU MOMENT DE LA **CRISE ÉCONOMIQUE** DE 2008...
... MATHIEU S'EST MIS EN TÊTE DE CONSTRUIRE LUI-MÊME SA MAISON, AVEC POUR OBJECTIF, À LONG TERME, DE DEVENIR **AUTO-SUFFISANT**.
JE ME SUIS RENDU COMPTE QUE, DU JOUR AU LENDEMAIN, L'ARGENT POUVAIT NE PLUS AVOIR AUCUNE VALEUR.
JE ME SUIS DIT QUE LORSQUE ÇA ARRIVERAIT, IL FALLAIT QUE JE SOIS PRÊT, POUR MOI ET MES ENFANTS.
À CE MOMENT-LÀ, IL GÉRAIT UNE ENTREPRISE DE RÉPARATION D'ORDINATEURS, ET PENSAIT ÊTRE PLUS LIBRE EN ÉTANT SON PROPRE PATRON. LA CRISE L'A FAIT DÉCHANTER.
J'ALIMENTAIS LE SYSTÈME EN ÉTANT À MON COMPTE.
JE BRASSAIS DE L'ARGENT, MAIS J'EN TOUCHAIS TRÈS PEU.
IL EST ALORS REDEVENU SALARIÉ PENDANT 2 ANS POUR LE COMPTE D'UNE MULTINATIONALE, AVEC L'OBJECTIF DE METTRE DE L'ARGENT DE CÔTÉ.
JE NE VOULAIS PLUS TRAVAILLER POUR DE GROS GROUPES COTÉS EN BOURSE...
... MAIS PLUTÔT M'INVESTIR DANS L'ÉCONOMIE LOCALE ET TRAVAILLER AVEC LES GENS AUTOUR D'ICI.

Originaire du coin, il a ensuite récupéré un terrain acheté par sa mère, à côté de Rostrenen.
Puis il s'est lancé dans une formation en plomberie, chauffage, solaire thermique et photovoltaïque, afin de compléter ses connaissances en électricité acquises avec son Bac en électrotechnique et son BTS en informatique industrielle.
Il a ainsi pu s'installer comme autoentrepreneur en plomberie-électricité, et acquérir les compétences pour construire sa maison.
Je savais que je trouverais du boulot dans ce domaine. C'était une forme de sécurité de l'emploi aussi pour moi, pour la suite.
Mais j'en ai un peu marre de la plomberie et du chauffage. J'aimerais me concentrer sur mon activité d'électricien ! Et puis, j'aimerais bien terminer ma maison !
Il me reste encore beaucoup à faire avant d'être totalement ***autonome***...

SA CONSTRUCTION, IL L'A PENSÉE **ÉCOLOGIQUE**, POUR DES RAISONS À LA FOIS PRATIQUES ET ÉCONOMIQUES.
MA MAISON EST FAITE SUR UNE BASE DE CHARPENTE EN BOIS DE PAYS...
... ENTOURÉE DE BOTTES DE PAILLE LOCALE.

LES BOTTES ONT ENSUITE ÉTÉ RECOUVERTES PAR DES COUCHES SUCCESSIVES D'UN ENDUIT FAIT D'UN MÉLANGE DE TERRE ARGILEUSE DU SECTEUR...
... DE SABLE DE LA CARRIÈRE LOCALE...
... ET DE CHAUX.
LE TEMPS QUE SA MAISON SOIT HABITABLE, MATHIEU A VÉCU SEPT ANS DANS UN MOBIL HOME INSTALLÉ DANS SON JARDIN .
ÇA FAIT 8 ANS QUE JE **GALÈRE** POUR ÊTRE AUTONOME !
JE SAIS QUE LE CHEMIN EST ENCORE LONG...

Pour l'instant, je suis raccordé au réseau électrique, mais je compte installer des panneaux photovoltaïques pour ma consommation d'électricité...
... et des solaires thermiques pour le chauffage et l'eau chaude.
J'envisage également d'installer une cuve de récupération d'eau de pluie.
Mon chauffage par le sol est alimenté par une chaudière gaz murale, mais à terme, je voudrais la remplacer par un poêle bouilleur, avec un ballon à accumulation...
... ce qui me permettrait de faire du feu le week-end, d'accumuler de l'eau chaude dans un ballon, et de restituer cette chaleur le reste de la semaine dans le plancher chauffant à basse température.
Les panneaux solaires thermiques feront le nécessaire en inter-saison, et le bouilleur fera l'appoint l'hiver.
Et pour les ***toilettes***, ça marche comment ?
Ce sont des toilettes sèches !
Pourquoi gâcher de l'eau propre pour les toilettes ?
Tu fais ce que tu as à faire, et puis tu recouvres de copeaux ou de sciure de bois.
Ensuite tu les vides, et tu mets tout ça au ***compost***, pour t'en servir pour le potager par la suite !

Le 17 novembre 2018, des agriculteurs et des routiers s'étaient joints aux Gilets Jaunes pour effectuer des blocages sur Rostrenen.
Rond-point de Lan-Ogé
Rostrenen
17 novembre 2018
Mathieu a suivi de loin ces premiers week-ends de mobilisation, avant de se décider à participer à quelques manifestations.
Ce qui m'avait séduit, c'était l'idée d'une journée sans consommation.
C'était pour ça qu'il y avait eu le blocage des ronds-points ! Pour bloquer l'économie... C'est ce qui marche le mieux !
Rapidement, le groupe constitué à Rostrenen s'est dissous.
On ne les a jamais revus après !
On était un peu perçus comme des gauchos ou des babos, alors qu'une bonne partie des agriculteurs ici sont plutôt productivistes...
À partir de décembre 2018, un autre groupe de Gilets Jaunes se constitue dans la mouvance écolo autour de laquelle gravite Mathieu. Il s'y investit, et se heurte alors à un certain nombre de préjugés sur le mouvement de la part de personnes de son entourage.
Les gens que je connais, ils sont déjà plus ou moins conscients...
Mais peu d'entre eux ont bougé, pensant que c'était un mouvement pour consommer plus.

* CITÉ DANS *JUMP THE CURVE*, JACK ULDRICH, 2008.

Adoptant une stratégie purement ***pacifiste***, orientée vers l'***éducation populaire***, le nouveau groupe de Rostrenen se réunissait chez un particulier.
Ils occupaient un stand sur le rond-point d'un centre commercial, tout en s'investissant dans plusieurs luttes écologistes locales.

Ils ont également participé à l'organisation d'un débat citoyen avec ***Franck Lepage*** et ***Etienne Chouard***.
Considéré comme l'un des initiateurs du ***RIC***, ***Chouard*** a amorcé depuis plusieurs années une réflexion autour de la démocratie directe et d'un changement de ***constitution***.
L'idée des ateliers constituants, c'est d'apprendre ensemble, sans l'aide d'aucun pouvoir ni d'aucun média, à instituer nous-mêmes la puissance politique dont on a besoin pour changer le monde !
Personnage ***controversé***, certains lui reprochent ses positions confuses flirtant avec le ***négationnisme*** et le ***complotisme***.
Franck Lepage conférencier spécialisé en éducation populaire
Etienne Chouard Enseignant 27 janvier 2019, Rostrenen

Même s'il a participé à plusieurs manifestations bretonnes, Mathieu s'est principalement investi dans la partie communication du groupe, en s'occupant de l'impression de tracts et d'adhésifs.
Lorsque l'injustice devient loi, la révolution devient obligation !
Très vite, je me suis rendu compte que les actions et les manifs, ça ne changeait ***rien*** dans les faits...
... à moins d'assiéger les médias mainstream qui sont en réalité la ***fabrique du consentement*** de nos gouvernants. C'est une guerre de la communication en réalité !

Il s'est également investi dans la réflexion politique, en participant notamment à l'opération « Article 3 », visant à demander aux députés de modifier l'article 3 de la Constitution.
« La souveraineté nationale appartient au peuple qui l'exerce par ses représentants et par la voie du référendum.
Aucune section du peuple ni aucun individu ne peut s'en attribuer l'exercice.
Le suffrage peut être direct ou indirect dans les conditions prévues par la Constitution.
Il est toujours universel, égal et secret. »
Article 3
Constitution du 4 octobre 1958
L'article 3, c'est celui qui enlève le pouvoir au peuple, en le donnant à un représentant élu par le suffrage universel.
Moi, je pensais qu'on était dans une démocratie. Quand on est enfant, on nous apprend que c'est le peuple qui décide... mais ce sont des conneries ! On ne décide de rien, en vrai !
C'est pour ça que ma principale revendication, c'était le RIC.
Le RIC (Référendum d'Initiative Citoyenne) est devenu l'une des principales revendications des Gilets Jaunes. Considéré comme une solution à la crise politique et démocratique révélée par le mouvement, il permettrait à n'importe quel citoyen de réunir un certain nombre de signatures pour proposer par référendum le vote ou l'abrogation d'une loi, une modification de la constitution, ou la révocation d'un élu. Et cela, sans passer par un vote à l'Assemblée Nationale.
Il est déjà en place dans certains pays européens, comme la Suisse ou l'Italie. Mais en France, il a rapidement été écarté par le gouvernement, au profit d'un assouplissement du Référendum d'Initiative Partagé qui, lui, doit passer par un vote parlementaire.
Le Référendum d'Initiative Citoyenne, tel qu'il est proposé, me semble remettre en cause la démocratie représentative...
Emmanuel Macron
25 avril 2019
Conférence de presse

Avant tout ça, Mathieu ne s'était jamais engagé politiquement. Il s'était contenté de voter pour exprimer ses idées, mais sans se faire trop d'illusions.
Je me dis que c'est mieux que rien ! C'est le seul pouvoir qu'on nous donne !
Je vote aussi pour un programme auquel je crois. Celui de la France Insoumise, pour moi, c'est une vraie démocratie, avec une assemblée constituante, une VIe République...
Par contre Mélenchon, même s'il arrivait au pouvoir, il y a de fortes chances qu'il ne tiendrait pas ses promesses, comme tous les autres !
Et puis, ça reste un parti politique, et les gens ne veulent plus de ça. Je pense qu'il faut que ça vienne d'ailleurs, d'en bas, des localités.
Avec les Gilets Jaunes, j'avais le sentiment que c'était le moment...
... et qu'il allait peut-être se passer quelque chose !
Et puis en fait, non.

TU AURAIS VOULU QU'IL SE PASSE QUOI, DANS L'IDÉAL ?
LE PASSAGE À UNE **Ve RÉPUBLIQUE**, ET LA **DESTITUTION** DE MACRON !
QU'IL SE BARRE ET QU'ON PASSE À UN AUTRE SYSTÈME VRAIMENT **DÉMOCRATIQUE** ET **REPRÉSENTATIF** !
LA **Ve RÉPUBLIQUE**, COMME ELLE EST FOUTUE, LE PRÉSIDENT, IL EST REPRÉSENTATIF DE **RIEN** !
LES **POLITIQUES**, IL FAUT LES VOIR COMME LES **EMPLOYÉS** DES CITOYENS, ILS SONT LÀ POUR LE **BIEN COMMUN**. ILS DOIVENT ÊTRE **EXEMPLAIRES**.
POUR MOI, LES GILETS JAUNES AURAIENT DÛ DÉCLARER **SÉCESSION** DÈS LE DÉBUT !
ON AURAIT DÛ CRÉER NOTRE PROPRE **SYSTÈME DÉMOCRATIQUE**, ET PROPOSER AUX GENS QUI Y ADHÈRENT DE VENIR NOUS REJOINDRE...
ON NOUS A REPROCHÉ DE NE PAS S'ÊTRE STRUCTURÉS, MAIS ÇA PREND VACHEMENT DE TEMPS !

* *COMMENT TOUT PEUT S'EFFONDRER, PETIT MANUEL DE COLLAPSOLOGIE À L'USAGE DES GÉNÉRATIONS PRÉSENTES*, PABLO SERVIGNE, RAPHAËL STEVENS, 2015.

* En référence au livre *Covid-19 : La grande réinitialisation* des économistes Klaus Schwab et Thierry Malleret.

CÉLINE

« On était tous unis
par le sentiment d'être là
pour quelque chose de juste. »

* LE PRÉNOM A ÉTÉ CHANGÉ À SA DEMANDE

ISSUE D'UN MILIEU OUVRIER, CÉLINE A GRANDI DANS UNE CITÉ HLM, EN RÉGION PARISIENNE, DANS LES ANNÉES SOIXANTE.
ELÈVE DOUÉE, DOTÉE D'UNE GRANDE CURIOSITÉ INTELLECTUELLE, SON PÈRE L'A POUSSÉE À FAIRE DES ÉTUDES DE DROIT.
EN CINQUIÈME ANNÉE, ON ÉTAIT SEULEMENT DEUX ENFANTS D'OUVRIERS ! TOUT LE RESTE, C'ÉTAIT DES « FILS ET DES FILLES DE »...
AU MOMENT D'ENTRER DANS LA VIE PROFESSIONNELLE, ELLE S'EST RETROUVÉE CONFRONTÉE À LA CULTURE DE L'ENTRE-SOI QUI LUI A PARU RÉGNER DANS UNE PARTIE DE CE MILIEU.
ET VOS PARENTS, ILS FONT QUOI ?
MON PÈRE EST AJUSTEUR-MONTEUR...
AH, JE VOIS...
BON, ON VOUS RAPPELLERA.

JE ME SUIS PRIS UNE GRANDE **CLAQUE** ! JE ME SUIS RENDU COMPTE QUE CELA NE SUFFISAIT PAS D'AVOIR RÉUSSI MES EXAMENS...
J'AVAIS PAS LES CODES NI LE RÉSEAU. CES GENS-LÀ, ILS RESTENT **ENTRE EUX**.
PAR LA SUITE, IL M'EST ARRIVÉ À PLUSIEURS REPRISES DE QUITTER MON TRAVAIL, PARCE QUE J'ESTIMAIS QUE LES CHOSES N'ÉTAIENT PAS CORRECTES DÉONTOLOGIQUEMENT. J'APPELLE ÇA AVOIR DE L'**HONNEUR** !

L'**ETHIQUE** ET LA **JUSTICE**, SONT DES VALEURS FORTES POUR CÉLINE, QU'ELLE APPLIQUE DANS TOUS LES ASPECTS DE SA VIE. C'EST D'AILLEURS CE QUI L'A POUSSÉE À ENFILER SON GILET JAUNE.
ON VENAIT DE RECEVOIR LA TAXE D'HABITATION, ET IL Y AVAIT 200 EUROS EN MOINS.
ET PUIS, UN JOUR, J'AI FAIT LE PLEIN, ET JE ME SUIS RENDU COMPTE QU'IL ÉTAIT PASSÉ DE 75 EUROS À 98 EUROS !
CERTES, ILS NOUS AVAIENT BAISSÉ DE 200 EUROS, MAIS ILS NOUS AVAIENT AUGMENTÉ AILLEURS !
ÇA A ÉTÉ L'ÉLÉMENT DÉCLENCHEUR... J'AI VRAIMENT EU LE SENTIMENT D'AVOIR ÉTÉ **DUPÉE**...

ON A **RÉGRESSÉ** PAR RAPPORT À UNE ÉPOQUE. MOI, J'AI VÉCU LES **30 GLORIEUSES**. QUAND J'ÉTAIS GAMINE, MON PÈRE NOUS EMMENAIT UN MOIS EN CAMPING ! ET TOUS LES COPAINS DE MON HLM PARTAIENT EUX AUSSI...

MAINTENANT, PARTIR TROIS SEMAINES EN VACANCES, C'EST DEVENU UN **LUXE**.

L'ENGAGEMENT DE CÉLINE A COMMENCÉ BIEN AVANT LE **17 NOVEMBRE 2018**...
JE SUIS ALLÉE À UNE RÉUNION PUBLIQUE EN **OCTOBRE 2018**, SUITE À UN APPEL LANCÉ SUR UN GROUPE FACEBOOK.
IL Y AVAIT DES GENS QU'ON NE VOIT PAS TROP EN GÉNÉRAL. ON SENTAIT QU'IL Y AVAIT UNE **COLÈRE** VRAIMENT TRÈS FORTE.
QUAND TU VOIS ARRIVER PLUS DE 50 PERSONNES SUR UN PARKING, DANS UNE PETITE VILLE COMME LA MIENNE, OÙ ÇA BOUGE PAS TROP EN GÉNÉRAL... TU TE DIS : IL SE PASSE QUELQUE CHOSE !
J'AI EU L'IMPRESSION QUE C'ÉTAIT UN MOUVEMENT QUI ALLAIT DURER LONGTEMPS. C'ÉTAIT LA GOUTTE DE CONSCIENCE QUI A FAIT DÉBORDER LE RÉSERVOIR...
LE **17 NOVEMBRE**, SELON LES RONDS-POINTS, L'AMBIANCE ÉTAIT TRÈS DIFFÉRENTE.
CERTAINS MANIFESTANTS, PLUS MODÉRÉS, FAISAIENT DU FILTRAGE, ET D'AUTRES VOULAIENT TOUT BLOQUER...
ON SENTAIT QU'ILS ÉTAIENT TRÈS EN COLÈRE, ET QU'ILS N'EN POUVAIENT VRAIMENT PLUS...
LES JOURS SUIVANTS, LES FILTRAGES ET LES BLOCAGES D'AUTOMOBILISTES SE SONT RÉPANDUS SUR D'AUTRES RONDS-POINTS...
IL Y AVAIT UNE VRAIE SOLIDARITÉ DE LA PART DES PERSONNES QUI PASSAIENT EN VOITURE, UN VRAI SOUTIEN DE LA POPULATION. LES GENS APPORTAIENT À MANGER, AMENAIENT DE LA SOUPE, DU CAFÉ...
ON EST D'ACCORD AVEC CE QUE VOUS FAITES !
SURTOUT, NE LÂCHEZ RIEN !

Sur les ronds-points, j'ai vu des gens de tous milieux.
Des gens qui ont de la thune, mais qui trouvent que ce qui se passe est injuste.
D'autres qui vivent des situations très difficiles.
Et puis, des personnes des classes moyennes comme moi.
Mais on était tous réunis par un sentiment d'*injustice*.
Céline attendait beaucoup du mouvement.
Je voulais que le *RIC* passe, qu'il y ait plus de démocratie participative !
Mais la meilleure réponse à apporter, ce serait que les gens aient du travail, de quoi vivre, et ne se fassent plus de souci pour l'avenir de leurs enfants !
Quand tu vois des petits vieux qui ont épargné toute leur vie et qui ont du mal à finir leur fin de mois, alors que de l'autre côté, le gouvernement fait des cadeaux fiscaux aux grandes entreprises, c'est *injuste* !
Sans compter l'évasion fiscale, qui représente 100 milliards de manque à gagner !
Manifestation régionale
Marseille, 2019
Nous, on ne peut pas faire de *lobbying*... La seule solution qu'on a, c'est de *manifester* !

À L'APPROCHE DES FÊTES, **FIN 2018**, LES RELATIONS AVEC LES **AUTORITÉS** ONT COMMENCÉ À SE TENDRE...
ON AVAIT FAIT UNE CABANE SUR LE ROND-POINT.
EN DÉCEMBRE, ELLE A BRÛLÉ, ET ON A COMMENCÉ À LA RECONSTRUIRE,
IL Y A UN PROBLÈME ?
POLICE
OUI, VOUS ALLEZ ME **NETTOYER** TOUT ÇA !
LES CABANES, C'EST **TERMINÉ** !
ON A DES INSTRUCTIONS...
... SI VOUS RECONSTRUISEZ, VOUS PARTEZ TOUS EN **GARDE-À-VUE** !
ON A VU UN CHANGEMENT TOTAL D'ATTITUDE. ON A SENTI QU'IL FALLAIT QU'ON **DISPARAISSE** DE L'ESPACE PUBLIC.
AU SEIN DU MOUVEMENT, UNE **MÉFIANCE** S'EST INSTALLÉE ENTRE NOUS. CERTAINS ONT COMMENCÉ À VOIR DES TAUPES PARTOUT !
IL Y AVAIT UNE EXACERBATION DES SENTIMENTS, COMME DANS UNE FAMILLE EN FAIT ! IL Y AVAIT AUSSI UNE GROSSE PEUR DE LA **MANIPULATION**.
C'EST TELLEMENT **DÉGUEULASSE** CE QU'ON VOIT DE L'AUTRE CÔTÉ... QU'IL Y A UNE ATTENTE DE **PURETÉ**.

PAR LA SUITE, DES CONFLITS PERSONNELS ONT COMMENCÉ À ÉCLATER AU SEIN DU GROUPE LOCAL DE CÉLINE.
ÇA A TOUJOURS ÉTÉ SOUS-JACENT, MAIS LES CHOSES ONT COMMENCÉ À SE DÉGRADER QUAND ON N'A PLUS ÉTÉ SUR LES RONDS-POINTS...
... CAR IL N'Y AVAIT PLUS D'ENDROITS OÙ LES GENS POUVAIENT SE RETROUVER.
IL FAUT DEMANDER UNE SALLE AU MAIRE POUR FAIRE DES RÉUNIONS !
SI TU DEMANDES UNE SALLE, IL FAUT UNE ASSURANCE !
EN PLUS, ON VA TE FAIRE COMPRENDRE QUE TU ES REDEVABLE !
SI TU VEUX FAIRE UNE RÉVOLUTION, TU DEMANDES PAS UNE SALLE À LA MAIRIE !
BON, ON VA FAIRE UN VOTE...
QUI EST POUR DEMANDER UNE SALLE ?

Pendant la réunion, les choses ne se sont pas tout à fait passées comme prévu...
Qui tu es pour nous dire ce qu'on a à faire ?
Tu te prends pour **qui**, à la fin ?
Non mais, vous êtes complètement **fadas** !
Moi, j'ai été dépassée par la **violence** de certains... Certaines personnes ne sont capables de s'exprimer que par le coup de poing !
On était censés être tous du même bord ! Ca a **dégoûté** pas mal de gens impliqués dans le mouvement...

Privé de son Q.G, le groupe de Céline s'est concentré sur les manifestations et les grands rassemblements régionaux, notamment sur **Marseille**.
Mine de rien, on appréhendait un peu avant d'aller en manif. On n'y allait pas pour la violence, mais on ne savait jamais ce qui pouvait se passer...
C'est seulement quand on est confronté à certaines choses qu'on sait de quoi on est capable...
Imagine qu'une personne que tu aimes se fasse **taper** dessus par un policier ?
Qui sait comment tu vas réagir ?
L'énorme faute que le gouvernement a commise, c'est d'avoir conforté l'idée que sans la **violence**, ça ne pouvait pas bouger.
Ce que certains ont retenu, c'est que sans elle, on n'aurait même pas eu le **moratoire**.
Manifestation nationale
Arc de Triomphe, Paris
1er décembre 2018
Après les manifestations parisiennes de **décembre 2018**, qui ont viré à l'émeute, **Emmanuel Macron** a annoncé la **suspension** pour 6 mois de la hausse prévue sur la taxe sur le carburant, qui avait été à l'origine du mouvement.

À PARTIR DE **JANVIER 2019**, UN **GRAND DÉBAT NATIONAL** A ÉGALEMENT ÉTÉ ORGANISÉ POUR RECUEILLIR LES DOLÉANCES DE LA POPULATION. CÉLINE Y A PARTICIPÉ, AVEC D'AUTRES GILETS JAUNES DU SECTEUR.
NOS **REVENDICATIONS**, VOUS LES CONNAISSEZ !
RIC
POUVOIR D'ACHAT TVA RÉDUITE SUR LES PRODUITS ESSENTIELS
RÉTABLISSEZ L'ISF
Hausse des Minimas Sociaux
COMME BEAUCOUP, CÉLINE A FINI PAR PRENDRE SES DISTANCES AVEC LE MOUVEMENT À PARTIR DU **PRINTEMPS 2019**, NON SANS REGRETS.
POUR MOI, CE QUI A **TUÉ** LE MOUVEMENT, C'EST LE FAIT DE NE PLUS AVOIR LE **ROND-POINT**. C'ÉTAIT UN LIEU QUI SYMBOLISAIT QUELQUE CHOSE. ON POUVAIT S'Y RÉUNIR, ÇA NOUS **STRUCTURAIT**.
ET PUIS, J'AURAIS AIMÉ QUE LES GENS COMPRENNENT QUE C'EST LA **MOBILISATION** QUI PAYE, ET NON PAS TOUT **CASSER**.
CERTAINS PENSAIENT QUE LES CHOSES ALLAIENT ÊTRE RÉGLÉES EN QUINZE JOURS !

Avant les Gilets jaunes, Céline n'avait pas manifesté depuis 30 ans, mais elle s'investissait dans la vie locale.
Moi, je considère que ça fait des années que je suis Gilet Jaune ! Dès que je vois une réunion publique, j'y vais !
De toute façon, quand tu es contre un système, tu as deux solutions : soit tu restes dedans et tu essayes de le changer de l'intérieur... soit tu en sors.
Décidée à changer le système de l'intérieur, Céline s'est engagée dans la campagne de l'opposition contre le maire sortant de sa commune pour les élections municipales de 2020.
Malgré cela, celui-ci a été largement réélu pour la troisième fois, avec un taux d'abstention frôlant les 50 %.
Ça a été une grande déception.
Je pensais vraiment que les gens allaient se mobiliser...

Propos recueillis entre février 2019 et août 2020

ÉPILOGUE

Le monde d'après

QUELQUE PART EN BRETAGNE
FÉVRIER 2020
C'EST BON, ON Y VA ?
OUI, C'EST BON ! JE PRENDS JUSTE LE MÉGAPHONE...
HÉ, VOUS DEUX !
ARRÊTEZ-VOUS, S'IL VOUS PLAÎT !
POLICE
BONJOUR, MESSIEURS, CONTRÔLE D'IDENTITÉ !
PARDON ?
CONTRÔLE D'IDENTITÉ... VOUS NE SAVEZ PAS CE QUE C'EST ?
AH NON, C'EST LA PREMIÈRE FOIS !
VOS PAPIERS D'IDENTITÉ, S'IL VOUS PLAÎT...
POURQUOI VOUS ÊTES LÀ ?
BEN, POUR LA MANIF... C'EST POUR ÇA QUE VOUS ÊTES LÀ AUSSI, NON ?
ON VA CONTRÔLER VOTRE SAC...
POLICE

SANDRINE KERION, JUILLET 2021.

« Nous, Gilets jaunes des Côtes d'Armor, réunis en leur troisième Assemblée citoyenne du 22, en ce jour du 23 février 2020, déclarons qu'après 16 mois de contestation, nous continuons plus que jamais à lutter contre toute forme d'inégalité et d'injustice.

Nous sommes en colère de voir notre modèle social, comprenant nos retraites et nos services publics, être détruit ; ainsi que par l'attaque de nos droits fontamentaux.

Nous déplorons la recrudescence de la surveillance, du fichage, de la répression et des mesures administratives et judiciaires qui restreignent nos libertés.

Nous nous inquiétons particulièrement des injustices et violences faites aux enfants, et des inégalités d'accès à l'éducation et à la santé.

Nous sommes témoins des faiblesses de notre démocratie et prenons acte. Nous exigeons plus de justice sociale par une fiscalité juste, régulant les apports sociaux et réduisant les inégalités et écarts sociaux.

En ce tournant civilisationnel, nous exigerons la destitution du Président de la République, la création d'un gouvernement de transition citoyen, et une assemblée constituante citoyenne. »

Appel départemental des Gilets jaunes des Côtes d'Armor
23 février 2020

REMERCIEMENTS ET DÉDICACES

Dany :
Merci à Sandrine d'avoir pris le temps de nous écouter et de poser une partie de notre vie sur papier. Demain ne sera plus pareil, mais gardons espoir. Ne soyez pas égoïtes, regardez autour de vous et aidez votre prochain.

Alexandre :
Merci à tous les acteurs de ce mouvement qui ont permis de retrouver la fraternité, l'entraide et la bienveillance entre les personnes.

Benjamin :
« Tant qu'un homme pourra mourrir de faim à la porte d'un palais où tout regorge, il n'y aura rien de stable dans les institutions humaines. » (Eugène Varlin, 1868).

Barbara :
« La vitrine de la vie n'est pas toujours très claire : quelques fois s'y promènent les larmes d'un chagrin. »
À chacun de prendre conscience qu'il n'y a pas de libertés sans fraternité. Nous sommes tous responsables les uns des autres sur cette planète et nous sommes tous concernés pour la préserver. Tolérons nos différences.
Merci à Sandrine Kerion pour son travail remarquable effectué à recueillir tous les témoignages de ces personnes qui n'ont jamais la parole ; pour NE PAS OUBLIER :
2018 : début d'une crise sociale, d'un mal-être.
2019-2020-2021 : une crise sanitaire, économique, climatique... qui révèle les failles du système mondial moderne, majorant les inégalités entre les peuples.
Que viennent des jours meilleurs.

Michel « le rebelle » :
Une belle histoire d'humanité en jaune. Ahou !

Gilles :
En l'honneur de tous ceux qui se battent pour un monde meilleur et pour mon tonton qui m'a quitté.

Mathieu :
À mes enfants, qui sont ma motivation pour construire notre maison autonome, sans qui je ne serais pas arrivé là...
Merci à eux de croire en moi plus que moi-même ! Plus que jamais ce sont nos enfants qui nous motivent à lutter pour leur laisser un monde meilleur... et LIBRE !

Sandrine :
Merci à Dany, Alexandre, Benjamin, Barbara, Michel, Gilles, Bris, Mathieu et Céline pour la confiance qu'ils m'ont accordée, et pour avoir accepté de témoigner et de partager leur colère, leurs doutes, et leurs espoirs, dans ce moment si particulier de leur vie.
Je n'oublie pas non plus tous ceux que j'ai croisés sur les ronds-points ou ailleurs, qui ont partagé un petit bout de leur histoire, et qui n'apparaissent pas dans ce livre.
Merci à mon éditeur, Vincent Henry, qui a accompagné ce projet dans sa forme actuelle.
À Benjie et Dirty Handz Prod, dont les photos m'ont servi de référence sur certaines scènes.
Au collectif Plein le Dos, aux Gilets Jaunes de Lamballe, des Côtes d'Armor, et d'ailleurs.
À Christian, à Louise, à Marie, à Elodie, à Isabelle.
Merci à Yvan pour sa préface et son engagement humaniste et sincère.
Et au manifestant anonyme dont le slogan affiché sur le gilet a donné le titre de ce livre.